远上青山更一层

上海博物馆文化交流成果汇编

第三辑

上海博物馆 编

上海书画出版社

序

本文集是"上海博物馆文化交流成果汇编"的第三辑,收录2017年到2020年上海博物馆员工出访归来撰写的实录与心得25篇。大部分按派出团组为单位汇报,少者1人,多者6人,若不计重复,作者近50位。对比第一辑、第二辑,本辑撰稿人中增加了不少"新"面孔,反映了更多的员工获得机会赴境外开展文化交流,研修历练。其中有几位还是入职时间不长的新人,他们的视角和感想给博物馆事业发展注入新的活力,显示出一种良好的生态。上海博物馆的出访类别较多,从工作内容来讲,涉及展览、培训、会议、课题、对等交流、藏品征集、综合拓展等。历年来参加文化交流成果汇报并将文稿入编这个系列出版的,主要在培训、课题、对等交流方面。如何更全面地梳理、展现并总结上海博物馆的文化交流工作,自然还有很多事要做,也已形成了一些设想并在付诸实施。

2019年底,上海博物馆拟订了四十余项下一年度的出访计划,这个数量与往年大体相当。然而新冠疫情爆发,对外交流受到冲击。2020年1月24日深夜(当日是农历大年夜,疫情已震动全国),2位赴美为洛杉矶郡立艺术博物馆"何处寻真相:仇英的艺术"特展押运文物并布展的同事,返抵上海;同月27日,考古部周云作为利荣森交流计划访问学人飞往加拿大,数月后又因为当地病毒肆虐而中止访学,艰难踏上返乡之路——这成为本馆最后两个批次的国际间人员交往。而周云撰写的《远上青山更一层——记加拿大皇家安大略博物馆》,就成了本文集的"殿后"之作。需要附带一笔的是,2020年6月至7月间,青铜部专家韦心滢受命赴中国台湾,在高雄佛光山参加"海上佛影——上海博物馆藏佛教艺术展"的撤展,点验文物,系本馆近期最后一次派员外出执行公务。

逆境之下,这一年多上海博物馆对外文化交流工作依然活跃而强劲。非但创新了方式和手段,如时常举行网络会议、线上论坛,还克服困难成功举办了两场跨国合作展览:2020年9月开幕的"宝历风物——黑石号沉船出水珍品展",和今年年头推出的"卓荦迎新——中韩牛年生肖文物交流展"。有关的工作或调整、或推进、或重新谋划。其间,也编纂了这本文集。

回首"往事",不能不感慨!集子中记叙的对外交流合作的那些情状、景象,在停摆一年后,更觉亲切与珍惜。博物馆之间的团结与合作,携手增进人类福祉,仍然是时代之需、众人所望;虽然遭遇了局部的停顿,博物馆人却仍在为之努力与坚持。

"远上青山更一层",书名取自周云文章的标题。这不仅是对昔日之景、之情、之思的概括提炼,也是对疫情受控后世界再度打开、全球博物馆重新合作繁荣的真心期待。

杨志刚

2021年5月5日

目 录

序
杨志刚 ···3

1. **第四届博物馆专业培训工作坊游学纪行录**
   2017年3月赴中国香港地区、韩国交流培训　袁启明 ···9

2. **取精用弘：赴意开展激光清洗联合研究记略**
   2017年9月赴意大利合作交流　黄 河　沈依嘉 ···26

3. **价值认同——考古遗址展示的思考**
   2017年10月赴英国学习考察　黄 翔 ···33

4. **参加"博物馆教育与策展"海外研修与实习**
   2017年10月赴美国学习考察　吴 悠 ···37

5. **韩国书画文物的保护与修复**
   2017年10月赴韩国交流考察　吴来明　徐文娟　黄 瑛　褚 昊　裔传臻 ···············46

6. **东瀛访漆**
   2017年11月赴日本交流考察　包燕丽 ···51

7. **日本博物馆展陈中的陈列设计与展品安全**
   2017年12月赴日本交流考察　董卫平　王 佳　赵岑玚 ···62

8. **博物馆公共教育的精细化管理与思考**
   2018年3月赴中国香港地区交流培训　马云洁 ···70

9. **开放、多元、共享**
   2018年6月赴英国参加国际培训项目　徐立艺 ···78

10. 博观 拾遗——日本京都便利堂考察记

　　2018年9月赴日本交流考察　李　峰　冯　炜　曹　军　李舒婷　孙志平　张　洁 ………… 85

11. 中国台湾地区书画修复用纸和传统手工造纸考察

　　2018年8月赴中国台湾地区交流考察　徐文娟　裔传臻　褚　昊　黄　瑛　沈　骅 ………… 92

12. 他山之石——美国盖蒂文物保护研究所技术交流记

　　2018年9月赴美国交流考察　黄　河　周　浩 ………… 97

13. 关于英国博物馆文创产业学习的思考与借鉴

　　2018年10月赴英国学习培训　赵铭岚 ………… 103

14. 英伦寻"金"

　　2018年10月赴英国考察　胡嘉麟　吴　悠　李孔融 ………… 111

15. 日本东京国立博物馆等地考察见闻与思考

　　2018年11月赴日本交流考察　徐方圆　沈敬一 ………… 119

16. 记日本藏中国宋元名画

　　2018年12月赴日本交流考察　李　兰 ………… 128

17. "细节"中的日本

　　2018年12月赴日本交流学习　章　颖　伍　琳　吴　侃 ………… 137

18. 浅谈借展品的管理与利用——参加第六届博物馆专业交流项目有感

　　2019年3月赴中国香港地区、日本交流考察　尤　然 ………… 145

19. 关于染织绣服饰文物研究、保护、展览和文创一体化方案的思考
　　2019年3月赴中国香港地区、日本交流考察　于　颖 ································153

20. 韩国博物馆与瓷窑址考察
　　2019年7月、10月赴韩国交流考察　王建文 ································164

21. 关于"传统与未来"的思考
　　2019年9月赴日本京都ICOM会议及考察　黄　河　褚　馨　龚玉武　赵岑玚 ································170

22. 法兰克福书展行纪
　　2019年10月赴德国学习考察　丁唯涵 ································181

23. 中意文化遗产保护修复合作交流活动小记
　　2019年11月赴意大利交流考察　周新光　徐方圆 ································185

24. 在斯里兰卡考古整理研究
　　2019年12月赴斯里兰卡参加考古工作　章　灵 ································189

25. 远上青山更一层——记加拿大皇家安大略博物馆
　　2020年7月赴加拿大交流考察　周　云 ································194

第四届博物馆专业培训工作坊游学纪行录

2017年3月赴中国香港地区、韩国交流培训 袁启明

2017年3月，笔者参加了由香港中文大学文物馆主办、北山堂基金会赞助的"第四届博物馆专业培训工作坊——展览策划与陈列设计"培训。其间，聆听了多场内容精彩、主题鲜明、论证翔实的学术报告会，也得以向国内外博物馆界展览策划与陈列设计领域的专家学者学习更多的专业知识，更在有限的时间里走访了大量的博物馆及美术馆。通过老师们的讲授与博物馆的实例分析，使我对博物馆的展陈设计及展览策划有了崭新的认识。

一、学习概况

本届工作坊从2017年3月19日至3月31日，为期13天。行程分为中国香港地区部分7天以及韩国部分6天，香港地区部分一共聆听了8场专业的讲座报告，参观了香港文化博物馆、香港历史博物馆、香港海事博物馆、巴塞尔艺术展及香港中文大学文物馆等5所艺术场馆；参加了由香港中文大学文物馆馆长姚进庄教授主持的"博物馆展览策划与设计的展望——资深博物馆人对谈"的互动交流；由本届工作坊学员分组设计策划的微展览课题报告，并设专家点评及不同小组互评，以及听取了当地博物馆、美术馆实地案例的交流演讲2次。

韩国部分共聆听了3场专业讲座报告。参观了韩国国立中央博物馆、三星美术馆、国立海洋文化财研究所、木浦自然史博物馆、木浦生活陶瓷博物馆、首尔历史博物馆（图一）、国立古宫博物馆、景福宫、国立民俗博物馆、国立现代美术馆（首尔馆）等十所场

图一 首尔历史博物馆

图二 金玟求先生主讲《韩国艺术史概要》

馆。听取了博物馆界的交流演讲四次。

本届工作坊培训班授课部分分为两个主题：一是展览策划，二是展览设计。分别由前美国西雅图艺术博物馆展览设计主管Michael McCafferty先生主讲《研究员与设计师：展览合作的过程与艺术》；中国香港中文大学艺术系及中国文化研究所文物馆访问学人、台北故宫博物院登录保存处前处长嵇若昕女士主讲《21世纪初台北故宫大型特展评述》《略谈中韩螺钿和青瓷》；日本大阪市立东洋陶瓷美术馆主任学艺员小林仁先生主讲《追求鉴赏古陶瓷的理想展示：关于大阪市立东洋陶瓷美术馆的独特展示理念和陈列方式》；中国北京故宫博物院展览设计师于彤先生主讲《博物馆陈列设计的基石：以故宫的经验为例》；中国香港艺术馆虚白斋馆长司徒元杰先生主讲《现代博物馆的策展与演绎手法》；美国洛杉矶郡立艺术博物馆中韩艺术部主管Stephen Little先生主讲的《博物馆策展的"古为今用"与"今为古用"》；中国台湾历史博物馆馆长张誉腾先生主讲《张大千辞世三十周年特展经纬》；中国香港中文大学艺术系助理教授金玟求先生主讲《韩国艺术史概要》及《中韩艺术交流史略》等11场讲座（图二）。

同时本届工作坊还安排了大量的博物馆、美术馆实地研讨，其间也邀请了部分博物馆、美术馆的专家进行交流演讲。由中国香港文化博物馆两位李馆长分别做《他乡情韵——莫奈作品展》及《展堂一麟——博物馆策展分享》的发言交流；韩国国立海洋文化财研究所所长李贵永博士做《韩国博物馆的历史和现状》的发言交流；由工作坊学员、中国广东省博物馆副馆长肖海明博士做《品质与创新——广东省博物馆展览策划的实践与思考》的主旨发言；韩国国立海洋文化财研究所展示弘报课学艺研究士陈镐慎先生做《〈韩国水下考古四十周年特展〉的策划点滴》报告，以及中国香港中文大学文物馆馆长姚进庄教授主讲《香港的大学博物馆》等6场主旨交流。

这13天的学习生活紧张、生动、风趣、活泼，是多元化的思潮碰击，从不同角度全方位剖析博物馆策展与展览设计的理念及手法。

二、策展及展示设计课程解析

（一）多元化的策展思路

博物馆展示设计与策展是展览之中两个密不可分的环节，只有好的策展理念才会有好的展示设计的可能，因此策展是一门非常深奥的学问。

这次的课程中，嵇若昕女士、司徒元杰先生、以及Stephen Little先生和张誉腾先生分别通过不同的展览来说明策展的过程，这些策展思路非常有借鉴意义。

1. 嵇若昕教授学术化的策展理念

嵇若昕女士在《21世纪初台北故宫大型特展评述》中分别评述了"十全乾隆：清高宗的艺术魅力"和"公主的雅集：蒙元皇室与书画鉴藏文化"两个展览策展的得失。在评述之前，嵇教授有一句话令人回味无穷："一个成功的展览必须是内行看门道，外行看热闹。21世纪应该是拿文物去说文明，用文物讲文化交流。而不该像以前那样就文物说文物。"对于以治学严谨见长的台北故宫博物院的学者来说，这种理念或许是一个展览时期转型的标志，是一个大文化的概念，纵观近年来台北故宫博物院的展览无不围绕这一思路来策划展览。因此"十全乾隆"和"公主的雅集"也就是这个理念下的产物。（图三）

嵇教授讲述了"十全乾隆"这个展览在策划之初，对于如何策划这个展览以及如何挑选迎合观众口味的展品。台北故宫博物院的具体做法是前期先由教育部同仁以及大量的志愿者分别去做社会调查，调查的结果是相当一部分观众想知道乾隆爷长什么样，其次分别为乾隆的文化团队有哪些人物、他的喜好、他的收藏以及他对传统的创新。因此，策展团队开始围绕这几个思路寻找展品以及做前期课题研究，共选定了二百余件文物，这个策划过程花费了足足两年多时间（嵇教授认为一个展览策划到最后设计完成两年时间是最少的）。当一切就绪，按照展览策划的意图，展览设计分成三个单元，三个单元又分为若干小主题。可能由于过多小主题的缘故，抑或展厅的缘故，观众在实际参观过程中，展示路

图三 嵇若昕女士授课

线不明确,一会看左边一会看右边,文物是琳琅满目了,但是容易使人忽视了展览"讲啥"?因此,嵇教授认为该展览并没有起到展览预期的策划效果。她对于"十全乾隆"的策划是抱批判态度的。

反之,"公主的雅集"展品非常少,只有43件展品,策展人充分围绕"皇姊图书"这枚印章做起文章。这个展览策展的思路十分巧妙,由史料记载蒙元公主祥哥剌吉将她收藏的书画作品提供给雅集者欣赏,并请他们为作品题跋,这场雅集被认为是宣示蒙元皇室参与中国书画艺术鉴赏活动的重要事件。台北故宫博物院研究人员利用"皇姊图书"收藏印,整理出一批由公主收藏的书画清单,借此从文化史角度分析蒙元皇室的收藏新品味。展览中,策展者充分挖掘作品本身以及史料中的相关点滴,同时通过图文合理的设计,把展品串联起来。嵇教授认为这个展览既通俗易懂,又有文化深度,不失为一个好的展览。

从嵇教授对这两个展览的论述,引发了我对何为策展的思考?无论嵇教授对于这两个展览的最终评价如何,我觉得台北故宫博物院和我们的很多策展方式是有所不同的:他们先做研究,找材料,从文物中寻找相关的内容,剥茧抽丝,一层层地梳理,最终实现"在藏品中找文物,发现文化",这是一个由点及面的方法论。嵇教授认为,策展人是整个展览的核心人物之一,他需要去讲述"故事",把故事告诉设计师,然后共同完成展览,而非罗列一个展品目录,然后交由设计师去设计,最后不闻不问。嵇教授认为这样的策展人是不合格的,甚至不配做策展这项工作。因此说,一个优秀的策展人完成一个展览以后,等于是把这个课题研究了一遍,而不是说等一个展览做完以后,请一大批专家来开个研讨会,当然,开研讨会是需要的。但是,对于一个策展人来说,策划一个展览从中学到更多知识,这无疑更有收获。

在"公主的雅集"这个展览中,还有一个细节也是非常重要并且值得细细玩味的:在它的平面设计里(海报、图文部分说明),时常会出现"皇姊骑马"的图形以及"皇姊图书"的印章。从策展的设计理念来说这是有隐喻功能的,骑马是马背民族的象征,印章的内容是蒙元皇室和中原文化交融的象征。两者放置在一起,可以显而易见地发现它背后的故事是蒙汉互融的文化交流。并且"皇姊骑马"的图形是从一幅古画中单独抠出,而不是把这张画简单处理后放置上去,凡是做过设计的人都知道,在这么一幅古画中要抠出一个好的图形,所花的功夫不亚于自己画一张画,可见设计师对于策展人理念的理解,也达到了一定高度。(图四)

通过以上嵇教授所讲述的两个展览案例,我认为她阐述的一个重要理念是:一个好的展览未必需要很多展品,而是策展人如何从一个好的主题切入,如何通过前期的研究把故事讲清楚,讲明白,真正做到雅俗共赏,外行看热

图四 展览海报

闹，内行看门道。

2. 司徒元杰先生人文意识的策展思路

司徒元杰先生是香港艺术馆虚白斋馆长，他主讲了《现代博物馆的策展与演绎手法》，声情并茂，举例翔实，具有一定的参考价值。他早年求学英伦，深谙英国博物馆学科体系，香港回归以后，他又接受了国内关于博物馆策展的一些理念，因此形成了一套特有的方法论。首先他从陈列与展示这两个概念的区别入手讲起：陈列是指公开摆放实物展品，展示是指为展品加入诠释并提供资讯。我们从字面意义即可看出两者的异同之处，司徒先生颇有深意地提出这两个问题，其实我们也可以从更深层次的角度去了解司徒先生对展览的理解是与众不同的。（图五）

图五 司徒元杰先生授课

司徒先生策展以书画居多，他根据不同作者以及不同的题材，会策划不同的主题来加以呈现。比如做李可染先生的画展，众所周知，李先生的画以光著名，以牛擅长，所以策展人先营造一个大而明亮的白色空间，张挂李先生各个时期的画作；然后在这个大空间里隔出一个小空间，这个小空间以黑色墙壁围起，这里

图六 展览呈现的效果

所选的画是李先生的精品力作，以黑、重见长。整个黑空间中，悬挂黑的画作，画面中又透出一丝亮光，具有相当的视觉冲击力。从整个展厅的空间效果来看，大面积的白空间和小面积的黑空间，我认为是暗合了"疏可走马、密不透风"的视觉感受。在展厅的另外一个入口处，放置着两头玻璃钢制成的上半身浮出水面的半身水牛雕像，同时在牛的背后是喷绘打印的可染先生题牛长诗。这两头牛的原型是可染先生画作中水里游的牛，这个创意也别具特色，是一种虚实的结合。这个展览除了展示作品给人带来美感之外，同时还表达了牛的坚毅、善良品格对人格所产生的一种启示。从视觉美到心灵的善，是司徒先生想要带给观众的。司徒先生认为一个展览的亮点不宜过多，选择最重要的一两个说明问题即可。（图六）

又如"辽宁省博物馆藏齐白石精品展""故宫博物院藏晋唐宋元书画展""辽宁省博物馆藏画展"这三个展览的策展理念有着惊人的相似之处，这个理念我认为是在展览作品中寻找风土人情。在"辽宁省博物馆藏齐白石精品展"中，策展人从齐老的日记中找到齐白石先生当年客居

香江的行走线路，通过齐老的日记记载，找出地名及遗迹，和现在香港的地名建筑进行对比；在"故宫博物院藏晋唐宋元书画展"中，通过《清明上河图》中各个行当以及街铺场景和香港的商业做一比较，司徒先生通过仔细的研究发现，清明上河图中某些行业的行规在当下的香港都有所传承和保留，因此可以作为一个展览的亮点大书特书；在"辽宁省博物馆藏画展"中通过王原祁的《西湖十景图》、徐扬的《姑苏繁华图》，做苏、杭景观的古今对比，在辅助版块制作出古今对照图。同时这些"世貌风情"广泛通过香港各种媒体向外宣传展示，激发港人的新奇、新鲜感。我认为这义是司徒先生的一种策展理念——大众文化、平民趣味和高雅艺术的互动，以此贴近民众。

"有情世界——丰子恺的艺术"和"吴冠中——无涯惟智"以及"吴冠中'独立风骨'作品展"这三个展览也有异曲同工的妙处。对于展览设计来说，画展其实并不好做，画展形式单一。在这三个展览中，策展人从两位老画家的人生经历入手，如"有情世界"把画的主题做梳理，分为家庭乐、年华、抗战、护生画集等几大部分，在《护生画集》作品之上的展墙中，淡淡的写上一段文字，辅以灯光，做一提示说明。整个展览简简单单的墙面，朴实无华，让观众独自思考那往去的岁月。在"吴冠中"的展览之中，在展厅入口处的重要展墙上放置吴老的三张江南水乡的代表作，勾起了吴老思乡的情怀。所以在展厅画作的编排上，并不是完全按照先后年代顺序来排列的。丰老的女儿以及吴老看到展览后，都感慨万千，以至于后来吴老多次来此地办展。"吴冠中'独立风骨'作品展"是2010年举办的，正巧是吴老1950年法国归来途经香港回内地一甲子纪念，可以说"独立风骨"是艺术家一身的回顾，策展人借游子回归作为一个策展重点，在展厅重要部位做一专室展出吴冠中的思乡名作《双燕》，这个展厅外以《双燕》画作中的墙体作为背景，让人置身于吴老家乡江南宜兴的小巷之中。老艺术家看到这个场景老泪纵横，也许是因为香港艺术馆如此用心地去挖掘艺术家内心深处的世界，深深地感动了老艺术家，以至于展览观众留言中说"一个让人感动的画展""就有种想落泪的感觉"云云。吴冠中先生也因此捐出了一批又一批的代表作品，包括《双燕》。这种策展是一种人文的情怀，这种诠释是上升到了一种精神境界了。

司徒先生认为策展不应太注重花多少钱，他说做吴冠中的展览也就用了70-80万元港币，做文化事业是不能用钱作为衡量标准的，他还举例了一个展览中为了让观众更好地了解中国画的散点透视，他请了电脑设计专家把画作一层层地抠出来，然后用电脑立体地表现出来，这完全是凭他的私交请电脑专家义务来制作的，可见司徒先生对文化事业的热爱。

（二）东西方展示设计的对话

1. Michael McCafferty先生务实的设计思想

首先介绍的是前美国西雅图艺术博物馆展览设计主管Michael McCafferty先生及其题为《研究员与设计师：展览合作的过程与艺术》的报告。Michael McCafferty先生德高望重，他在西雅

图艺术博物馆做了超过四百五十余项的设计。（图七）

他首先觉得做博物馆设计师必须是从最底层的设计工作做起，包括一些制作工序也必须了解，他自己就是这么一路走来，以至于在西雅图艺术博物馆，馆领导层都会不时征询他对于展览的意见。他认为展览设计是一项综合性很强的工作，当一个设计师对博物馆的环境、工作顺序、人员的架构关系不清楚的情况下，是无法做好展览的。在博物馆环境这一环节中，主要包括两个大的部分，第一部分是设计师的办公环境，当我们看到他们的办公室时，确实有些震惊，他们的办公环境分为几个组成部分，一个是设计师设计工作区，包括电脑及手绘的工作平台以及可以贴图纸的工作墙面；第二个是休息区，可以聊聊天，喝喝咖啡，休闲轻松的区域；第三个是一个有着众多设备的制作区域，这个区域其实对博物馆设计者来

图七 Michael McCafferty先生授课

说是十分重要的，博物馆的许多文物需要量身定做的支架，这种设备市场上不可能存在，只有博物馆工作人员自己去制作完成，可惜的是这个区域在国内的博物馆界几乎寥寥无几；最后还有一个区域是仓储区域，存放一些工具及部分材料的样品，这在国内的博物馆中也很少见。古人云：工欲善其事，必先利其器。在国内很多制作支架的材料是买不到的，专用制作设备也是几乎没有的。我想这也是造成文物展示效果粗糙不精致的一个原因。第二部分是公共文物运输空间，在一个大型的博物馆中设计师也要了解各个展厅的空间，以及通往展厅的走道、货梯等部位的环境，货梯的大小承重是运输文物的重要组成部分，货车进入卸货区是不是需要有个升降平台区？他认为这些都和设计师掌控文物布展流程有着密切的关系。

在展览设计及布置的环节中，他也特别注重一些细小的工具的应用。他们习惯用一种类似美纹纸的蓝色胶带，他认为这个胶带使用便捷，可以在上面临时记录布展时的小问题，也可以贴在不同的墙上用来文物定位，且不损坏墙面的涂料，这是他认为一个可以推荐的方法。其次在一个展览的设计前期，他们也按惯例使用电脑设计三维立体图来查看空间比例关系，当然他们更进一步地需要制作模型。对于一个设计者来说，电脑成像是不足以替代真实空间感的，所以必须要制作模型。另外包括颜色的选配，他们也是按色卡来选择，而不是看电脑上的色彩而定。在展览流程中，设计师需要按照文物大纲的图表结合平面图纸上文物的定位列出表格，显示出文物的具体摆放位置。并且要做出展览施工的工期计划表格。这些都是展览设计师必须熟知的工作流程。

在具体进入布展流程时,他详细介绍了一个瓷器展览,这个展览展墙上布满了瓷器,他们先在电脑上设计好初步的排位,然后用蓝色的胶带在墙上定位,再用纸一比一打出试样贴在墙上,一个一个排列过去,最终把制作好的支架按照定位安装在墙上。从中我们看到,很多时候设计制作是一个相当复杂的过程,不仅仅是一个创意设计的过程,设计师还要预料到展览做成以后很多不可控的因素,包括灯光对如此密集的瓷器是不是会有遮挡,器物摆放的角度,器物支架的安全问题等等。对于这些问题的解决办法,有时就必须用一些看似非常笨拙的办法,人工一个一个调试及制作。因此,设计师在制作这一环节要学会很多技能,有些文物必须是亲自动手安装,而且不容有失,这也是他认为一个合格的设计师必须从最底层做起的原因之一。

最后Michael McCafferty先生觉得设计师还要了解所做展览的历史文化、风格特征,那就需要设计师去实地亲身感受,这个对于展览设计是特别重要的。由此想到我们国内对于设计师的实地考察确实还不够重视。

2. 小林仁先生眼中严谨的展示设计

相对于西方的展示方式,亚洲人的理念还是略有不同,来自日本大阪市立东洋陶瓷美术馆主任学艺员小林仁先生谈了《追求鉴赏古陶瓷的理想展示:关于大阪市立东洋陶瓷美术馆的独特展示理念和陈列方式》。(图八)

这个博物馆是私人财团出资建立的,以收藏亚洲陶瓷艺术品为主。大阪市立东洋陶瓷美术馆并非由著名设计师设计,他认为只要符合设计的定位、满足功能需求就是一个好的建筑设计。首先他介绍了一些人体功能学的问题,他认为亚洲人的身高普遍不高,对于观赏文物需要一个合理的视线。因此在设计展台高度的时候,设计师对亚洲文物(主要指日本瓷器、韩国瓷器以及中国瓷器)所适合的最佳观赏视角又做了具体区别,分为日本文物的视高以及其他亚洲文物的视高。

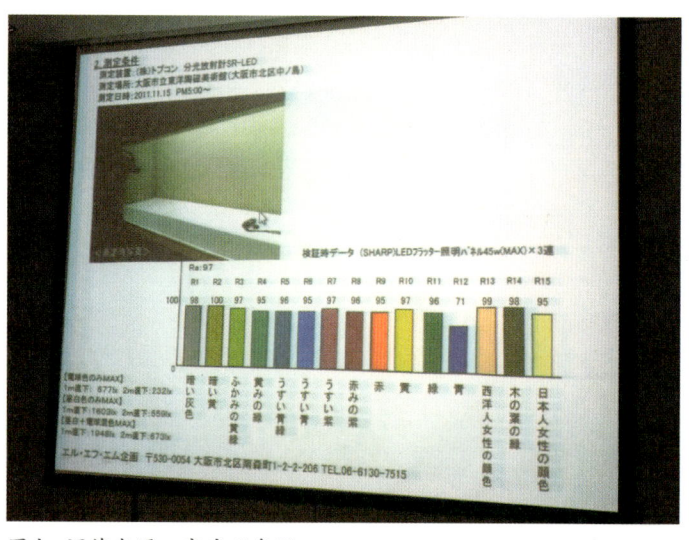

图八 小林仁先生授课　　图九 调节光源、亮度及色温

在此基础上，设计者反复试验，最终定出一个合理的高度：日本部分的展柜平台高度约为75-80厘米；别的展柜为1米。其次，对于展示光来说，日本人认为北面的自然光是一个首选的光源，但是如何引入自然光，如何防止自然光变化的问题以及紫外线的防护问题，这些在该馆的设计中都有充分的考虑。它的光源是室外自然光透过特殊防紫外线处理的玻璃多次反射引入展柜之中，当自然光不足以照明时，它还有一套辅助LED设备，这些设备均由电脑控制，可自动调节光源、亮度及色温。（图九）但是展柜内的底部没有设置辅助光源，我觉得对于有些器型的展示是存在一定缺陷的，这点小林先生也认同我的观点。不过小林先生更坚持认为，陶瓷是一种非常纯净的器物，他们的展示理念是追求雅致，追求文物本身的美感，尽量减少外部环境因素对展品本身产生干扰。对于日本人来说，有时往往走到了一种极致，他们在摆放文物的时候，甚至不信任图纸上的定位，往往通过眼睛去调整，有时他们认为在一个展柜中，重要文物和其余文物的位置需要拉开距离，到底几毫米距离是合适的，他们往往要在展柜中摆放很多时间，直至眼睛看到舒服为止。按照小林先生的说法，这种调试方法是来源于日本茶道的摆放理念，他认为这完全不是书本上的知识所能学到的，是实际工作的经验和操作方法，这就是日本人的工作态度。

最后还有一个防震设备，由于日本地震非常多见，因此日本的博物馆大多都有防震设施，该馆的防震平台位于文物下方，设计平台也很讲究，左右平台之间须预留空间，防止碰撞。众所周知，日本人追求精致是举世闻名的，日本的博物馆往往注重一个大的空间环境，一个整体的空间效果，讲究含蓄的美感，有一种禅意。这点来说和欧美博物馆追求直观的美还是有所区别。

3. 于彤先生的设计历程

同样来自亚洲的中国北京故宫博物院于彤先生给我们带来了一场近似于自我剖析的演讲，他的题为《博物馆陈列设计的基石：以故宫的经验为例》的报告，其实更多地反映出了国内博物馆设计界一些常见弊端问题，值得我们反思。他的报告以他自己2005年进入故宫开始做设计讲起，他讲述的第一个展览是他进故宫工作不久后独立完成的展览"官样御窑——故宫藏同治、光绪御制图样及瓷器展"，这个展览所用的延禧宫西配二层展厅，展厅并非木质古建，由原来的库房改建，250平方米比较小，展柜也是固定的，展品比较单调，有点类似于Michael McCafferty先生所讲述的那个陶瓷展，展览形式也相对单一，都是大面积的瓷器及碎片组合排列。于彤先生的做法是前期提取文物直接平放在展板上，摆放好位置拍照确定布置图，最后布展时候根据照片的定位，在竖

图一〇 固定文物

图一一 《龙凤呈祥》展览

图一二 设计辅助道具

立的展板上用电话线固定文物。（图一〇）我们注意到在固定文物所用的材料上，Michael McCafferty先生他们用的材料以亚克力支架为主，而于彤先生用的是电话线。由此可见材料运用其实也是多样的，不必拘泥，但是对于设计师来说，所用辅助材质对于影响展示效果的美观与否，安全与否，是设计师必须要考虑的问题。

这个展览是于彤设计师初试身手的展览，由于展览的特性决定了在展览设计上不能有所发挥，所以他认为展览设计并没有想象中的复杂，他期待做一个可以发挥他设计才能的展览设计，于是有了"龙凤呈祥——清帝大婚庆典展"。这个是在故宫古建中做的展览，其实这种环境对展示设计的限制非常大，这也是我认为故宫展览不易做的原因。"龙凤呈祥"的设计讲究热闹，它表现的是皇家婚庆的主题。因此，于彤的设想是在木梁上悬挂玻璃钢制成的祥云灯箱，里面用红黄色LED发光源，用灯光去营造一种氛围。于是他设计了样稿请制作公司制作，并告知制作公司故宫的种种文物保护及消防要求，制作公司告诉他没有任何问题。等到灯箱制作完成安装的时候，他发现灯箱在古建筑木梁上固定存在问题。其次，灯箱内的温度非常高，虽然是LED发光源，但是或许是早期的产品缘故，还是有热量散发不出去，因此存在严重的安全隐患。还有就是玻璃钢里LED发光源所呈现的色彩很不协调，这些问题都是原先没有预计到的问题，最终只好忍痛割爱。（图一一）

这个展览之后，于彤先生逐渐思考起了细节的问题，他认为当设计师一个想法出现以后，实际制作效果到底可行不可行？这是设计师必须要考虑的问题。在以后的展览中，于彤先生开始关注展示结构上的细节问题，同时也关注小的文物支架等问题，如赴墨西哥国家人类学博物馆的随

展工作中，他仔细和同事以及外方人员一起给文物制作精巧的支架，让他懂得了如何更精准的设计一些小的辅助道具。（图一二）

随着对博物馆设计工作的深入，他逐渐从一个"喜欢表现自我"的设计方式到开始"以尊重文物、尊重环境"的思想为转变的过程。这次他通过"天子万年——清代万寿庆典展"这个展览来实践"尊重文物、尊重环境"的设计理念，设计时用了棕色木板的墙面，这种色调的板墙是故宫中常见的色调，墙面形式也非常简洁，细节收口处也完全按照清宫的古典做法，地面涂刷桐油，意在营造适应故宫的风格。墙面的说明牌采用明黄的基色，符合皇室用色。用老的带有传统式样的展柜做适当的结构改造，主要是改善柜内的灯光以及玻璃门的结构。我们可以发现展览没有很复杂的设计成分，是在往统一、简练的方向去深化设计，但是一些细节处更耐人寻味了。从这以后，他逐渐摸索出一条适合故宫文物展陈方式的展览设计手法。博物馆的设计是要凸显文物的美，这是一个共性，如果说观众走完一圈展厅，感受到的是展厅的美，而不是展品和展厅环境交融和谐的共存，那么我想这个设计一定是失败的。所以说博物馆的设计应该是往"简单"这个方向去做，而这个"简单"非那个简单！

在介绍了故宫设计部自身的设计经验后，于彤设计师也特别强调了和一些设计公司合作的经验，例如有一年在故宫的午门展厅开了一个"普天同庆——清代万寿庆典展"，由于当年设计任务繁多，所以院领导请了北京的一家著名设计公司来承担设计任务，结果效果图设计出来以后，展示的风格如同商业会所一般，和文物展示所要表现的效果差距巨大，而且空调进、出风口的管道直接排在文物展柜底下或者附近，全然不顾文物保护和安全。并且色调和午门的风格也没有任何关联，用故宫专家的话说，午门是故宫非常重要的场所，正南方，在阴阳五行中属火，因此午门是红色的。展览的主题也是喜庆的，所以应该用一些暖色调来表现。但是遗憾的是设计方用了绿色来作为主色调。最后在博物院专家们强烈的反对下，设计方修改了很多设计，最终效果并非十分完美。（图一三）

这也给我们带来启示：博物馆如何与外来的设计公司协调合作？于老师和我都有相似的观点：首先，外来设计公司设计范围宽泛，博物馆设计风格未必是做惯了商业设计的设计师们所能适应的；其次，博物馆设计中的很多文化内涵更是外来设计公司的设计师不能在短时间内能领会贯通的。因此在与外来设计公司协调过程

图一三《普天同庆》展览

中，必须以博物馆设计师为主导，外来设计师协同完成博物馆方的要求。可以选用外来设计公司一些先进的技术，但是理念及最终效果的把握还是要博物馆方来确定。

通过于彤先生的授课，我们可以深刻领会到一个设计师的成长历程，设计师从艺术院校毕业都是心怀高远的，但是实际工作经验几乎为零，对于博物馆这样一个重要的文化圣地，每一件文物都不容闪失，有时往往一个设计的失误会影响到文物的安全。这也令我想起上海博物馆陈列设计部前主任李蓉蓉老师曾对我说过的一句话：博物馆的任何一个展览设计都是没有第二次的，博物馆的文物更没有相同的第二件，它不允许有任何的闪失！于彤先生以他十余年的工作经验来告诉后来者，做博物馆设计师没有十余年或者更长的时间专注于博物馆设计，是不容易明白博物馆设计工作的艰辛。因为，对于设计师来说除了设计本身所需要掌握的基本业务能力以外，还要了解所展示文物的文化内涵、熟悉大量符合文物保护的装饰材质、具体工作的流程、以及影响文物展示的一些外在因素：如灯光、微环境等等，因此说博物馆的展览设计有着非常大的局限性，也是公认有难度的公共环境艺术设计之一。博物馆展览设计每向前迈出一小步，其实都是具有一定的风险性，它是需要无数次的试验以及经验的积累才有可能到达这一小步的距离，这也就是为何纵观当今世界各类博物馆设计所展示的手法及效果如此接近的原因所在。

三、参观学习

本次"第四届博物馆专业培训工作坊—展览策划与陈列设计"另外一个重要的任务是考察中国香港地区及韩国两地的博物馆以及美术馆，进行实地调研。十余所博物馆、美术馆展示手法各有千秋，现简要选取部分值得借鉴的博物馆做一介绍。

1. 中国香港地区博物馆

给我感触最深的是香港文化博物馆，我们主要学习了该馆的一个临时展览"展堂一麟——徐展堂收藏文物展"。香港文化博物馆已经落成多年，当时建造临时展厅有很多工程的局限，比如说展厅内的众多柱子、隔墙等等，给后来的室内设计布局带来诸多不便。但是在这个展览的实际设计制作中，设计师还是很巧妙地避开了很多工程局限。如展厅内有多所石材质的门，但是通过合理的展线设计、人流走向安排、空间分割，并不感到石材质的门有任何的突兀感，反而起到合理分隔展览分块的作用。（图一四）

在展览分块的安排上，每一部分色调分明，展柜内都有一个明确的主色调，色彩非常雅致。更有意思的是，在局部展柜内的板块说明，会出现对比反差很大的色彩：如红色的展柜内，出现了绿色的展览板块说明，但绿色又不显得突兀，这种色彩的选配，需要设计师的胆量以及很丰富的实战经验，反复协调颜色的能力。在有的展柜内部的竖背面，设计者结合文物内容做一些小的装饰纹样设计，这些纹样从文物上提取图案，局部放大组合，根据展柜内的比例和文物的位置再做统一安排，组合成一个完整的展柜形式。这种组合形式国内的一些博物馆也曾见到，但是没有他们做得那么优雅以及精致，他们的版面形式设计非常注重统一性和完整性，而我们往往在一个柜内，说明与说明之间、文物与文物之间没有一个组合性，这也是值得我去学习的。展览的光源又是一个展览非常重要的因素，特别是柜内的光源，这个展览大展柜除了顶部的光源以外，两个侧面也加了光源，光线运用非常舒服。另外，"展堂一麟"展览的细节方面设计也是非常值得品味，例如展厅的墙面色彩和其余辅助设施的色彩互相协调，包括墙面的说明牌与墙面用色统一，每个区域的观众休息座椅表面织物的颜色都和这一部分的墙面色彩一致，这些细节都花了大量的心思。（图一五）

图一四 香港文化博物馆外景

以上种种，都是展览设计的细微之处，也是每个展览成功与否的关键。作为一个临时展览，香港文化博物馆如此用心地当作常设展览去做，所表现出的一种敬业精神，值得钦佩。

2. 韩国博物馆考察

总的来说，韩国博物馆的设计很注重人体功能，他们的展柜普遍比较低，展示形式多样，通过不同的造型组合达到展示效果。平面设计也是精美简洁。现以首尔的韩国国立中央博物馆为例做一介绍。

韩国国立中央博物馆建成已有十余年，但是当我第一眼望去的时候，我感觉它是一个全

图一五 展览的细节

新的博物馆，展馆的维护堪称一绝，公共服务设施齐全，展览信息的指示（多媒体、图示）都是非常明了清晰，真难以想象是一个十余年馆龄的老馆，令人惊讶。

进入展厅中，首先令我感到赞叹的是金属展柜可以设计出那么多的组合方式，例如同为半嵌入式的边柜，有的展柜外边上下没有和墙面做成一个平面，墙面先做出一个凹入的造型，展柜部分突出于墙面之上，但是展柜的玻璃面和墙面平齐，强调空间变化，非常有立体效果。同样的展

图一六 展柜的组合

图一七 展柜的高度

图一八 展板的组合

柜，用在别的部分就悬空于墙面之上，又呈现为另外一种简约风格。还有一种半嵌入方式的展柜，它的展柜部分和灯光部分分离，在墙的上半部另外安装灯光设备，展柜的表面用不透明的材质贴住多余部分的玻璃面，只露出展示文物的一小部分区域，人的视觉感受第一眼就集中在文物之上，别有一番特色。（图一六）

韩国国立中央博物馆相当一部分展柜非常低，展台高度设置在70厘米左右，这和我们国家的标准有些不同，但是实际的感觉是观赏文物很舒服，我仔细地观察了一下周围参观的群众，这个高度对于身高偏低的人群是很有利的，同样对于中等以上身材的人来说，其实也并没有观赏的不便。反观我们的展柜高度设置，有时身高偏低的人群观展就会非常累，所以我想，这也是以后设计上可以尝试改进的一个方面。（图一七）

我个人感觉做得最好的还是其柜内文物展示设计，主要由以下几个方面组成。第一个方面是柜内形式多样，特别是展板的组合非常有特色。首先展柜内积木台在平台上高低起伏，这一层面的积木台形式各异，根据文物的造型来设计不同的形状，有方的、有异形的、有斜面的、有梯形的，大大小小不同的形状互相组合，有的还互相穿插，层层叠叠，形成了一个层次丰富的观赏面；（图一八）其次后面的背板，并不是直接贴在最后面的墙上，而是单独再做一层背板，并且有时在这一层上再做衬板或者文物支架。可以在最后面的背板墙上做些辅助说明的版式设计，也可以在它之前的背板上做图例文字说明以及固定文物，这样一来，展柜内竖立面也分为几个前后不同的面，柜内的层次感也就更加分明了，同时也可以解决一些文字说明少的问题。（图一九）

第二方面是柜内设计的色彩应用。展览按照展厅的风格，每一个展厅有主题色彩，展柜内的用色和展厅的色彩互相彰显。在这里，柜内有的背板采用一个大面积色彩，增加展柜份量感；有的采用单独一块颜色的背板用来区分展柜内其余一色的背板；有的背板连着前面的积木平台颜色成为一个整体的色调，各种搭配方式都有，但是不显凌乱，这有赖于形式的组合以及色彩的搭配。色彩关系在展柜中其实是显示主次关系以及展品重要性的，有时一个面积极小的色彩会在一个大面积的环境中凸显出来，形成一个重点。这种灵活的色彩搭配也是丰富展柜视觉效果的一种手段。（图二〇）

第三方面是展柜内的灯光运用。展柜是金属展柜，金属展柜的优点是展柜模块化的组合方式、组装方便，文物保护安全性高，可以使各种不同的灯具并用。当然好的展柜不等于好的展示效果，一个好的展示效果是设计师综合能力体现。该馆的灯光运用我个人认为有可圈可点之处，首先是他们的设计师懂得如何应用各种不同型号的灯具。有的文物需要点状光源、有的文物可以漫反射光、有的则须平行光，这是设计师对文物特征作出研究以后才能按照要求定制展柜灯具，所以这项工程也是需要相当长的调研工作。下列两组灯光都是点光源的效果，在瓷器的这组文物中，由于文物众多，不宜凸显重点，因此通过点光源加强了两个盘子的视觉冲击；另外一尊佛像的展柜通过点光的渲染则更显佛像静谧的氛围，使人心神安详。（图二一）还有一种展柜用灯的手法是通过技术手段把漫反射的光集中在一个区域内，同样可以增加视觉效果。

由此可见，灯光的应用是非常复杂的，如何根据不同的灯具特性灵活使用，是值得博物

图一九 辅助说明的版式设计

图二〇 柜内设计的色彩应用

图二一 光的渲染

馆设计师一辈子去研究的。

在这次实地调研的过程中，遗憾的是没有和他们的设计师有沟通和交流，因此不能确定展柜内很多材料的材质。展柜内的任何材质对于文物保护来说都存在安全隐患，包括喷绘材质的背胶、板材的甲醛、灯光的紫外等等。希望以后有机会更深入地了解。

（三）相关辅助设计

一个好的展览不仅仅是文物的展示设计，它还涉及到很多方面，包括宣传海报，博物馆的导览、导视系统等的设计。这方面，香港地区及韩国的博物馆也是做得相当有特色的。

1. 平面设计

平面设计非常需要讲究层次感，它要推敲图片以及文字的排列组合关系以及色彩关系，有的可以突出文字、有的则以图片说话。如介绍宜兴紫砂的展览，设计师并没有强调某一件特别的名器，而是作了一个壶的剪影，把文字信息做了层次感的排列，使人第一眼看到占据了整个版面的壶，接着看到了展览的标题，再进一步看到了展览的讯息。这种设计就是一种训练有素的方式，它很清晰的传达出展览的特征。而"还收朝鲜王室图书"的展览海报则特别强调文字，通过大而醒目的文字编排让人了解到展览的主题，底下衬托的图片经过艺术处理，文物照片是根据设计要求的角度拍摄，并非一张原始的文物图片拿来即用。另外，一个好的海报设计所选取的图片并非要一个完整的器物，可以是局部的精彩的细节，例如"金耀风华"展选取了一对飞马，突出了主题。由此可见，排版形式可以各异，但要清楚表达展览意义，这是海报宣传的功能。（图二二）

图二二 不同的海报设计

2. 导览标识设计

  导览设计图是了解一个博物馆的一张名片，在它的引领下，观众可以有序合理的安排参观的线路，所以导览标识要清晰准确。在博物馆大堂内清晰的标示出三个独立楼层的平面信息，然后每个楼层既有总平面图，也有每个展厅的内部分布名称图。另外在各楼层的醒目地方都有出入口的标识。通过图片我们可以看到，这些标识在形式及色彩上都安合理，每个区域都有单独的颜色区分；出入口的指示牌还有浅色文物的图案做衬托，非常有想法。（图二三）

图二三 导览设计

取精用弘：赴意开展激光清洗联合研究记略

2017年9月赴意大利合作交流　黄河　沈依嘉

2017年是上海博物馆和意大利国家研究委员会文化遗产保护修复研究所（以下简称"CNR-ICVBC"）建立正式合作关系的第三个年头。合作缘起于2011-2013年意大利政府发起的"中国计划"，该计划促进了两国间大规模的政治、经济、文化交流活动，搭建了上博和CNR-ICVBC文保专家们间的桥梁。该机构相当于我国中科院下属研究所，是意大利国内文物科技保护方面最权威的研究和咨询机构之一，在全世界范围内都享有盛誉。双方于2015年6月签订了为期三年的《科学合作框架协议》，致力于共同研究文物保护关键技术问题、提升文物保护技术方法和推进研究成果应用。

在此框架协议下，我馆文物保护科技中心（以下简称"文保中心"）分别于2015年、2016年派遣研究人员赴意参加关于木质文物和金石质文物的检测分析与保护修复技术培训；意方文保专

图一　研讨会与会嘉宾合影

家也每年赴上海博物馆文保中心进行技术交流。除实地互访外，双方也在日常工作中不间断地通过邮件进行技术沟通和探讨。在不断的深化交流中，围绕文保中心在检测分析与保护修复方面的实际需求，根据当前国际文保技术的发展趋势，双方合作研究重点聚焦到激光清洗技术和高光谱分析应用两大主要方面。2017年8月，双方共同主办的"文物保护修复中的激光清洗技术国际学术研讨会"在我馆成功召开，正是合作落到实处的阶段性成果。（图一）借此会议之机，双方也就下一步的合作研究进行了深入探讨。

因此，2017年的意大利之行相比前几次广泛了解各类技术的考察而言，出行的目的和任务都更为具体。我们二人于9月10-17日在意大利佛罗伦萨的技术交流，既了解了激光清洗技术的最新动态，和意方专家共同开展了激光清洗青铜文物研究的初期实验，参加了"第六届国际APLAR激光应用技术大会"，同时也为高光谱分析方面的具体合作进行了相关调研。本次技术交流时间紧张，成果饱满。

一、了解文物激光清洗技术新动态

文物激光清洗技术的系统研究和应用至今已约有三十年。相比传统的机械或化学清洗手段，激光清洗能够有选择地去除文物表面的污物，而不对文物基体产生影响，实现高效而安全的清洗。当然，理想清洗效果的取得，还需要在具体的应用参数和应用方法上进行探索。

从我馆馆藏文物的特点出发，我们现阶段最为关心的就是激光清洗在金属文物上的应用。因此，通过CNR-ICVBC的联系，我们来到佛罗伦萨硬石工场保护修复中心（Opificio delle Pietre Dure，以下简称"OPD"）的实验室现场观摩激光清洗工作。（图二）该中心在文物激光清洗方面拥有举足轻重的地位：20年前该中心主要参与的"天堂之门"（佛罗伦萨主教堂洗礼堂东门）保护修复项目，是激光清洗大规模应用于金属文物保护上的首个国际案例，为该技术在文化遗产保护领域的应用和研发提供了大量经验；其后该中心也一直延续了相关研究，承接了许多重要的

图二 OPD修复中心

激光清洗项目。目前在实验室内清洗的是和"天堂之门"情况类似的洗礼堂南门，同为部分鎏金的青铜材质，表面存在金属锈蚀物以及大气污染沉积物等病害。通过和OPD多位修复师的现场交流，我们了解到经过多年的经验累积和激光清洗设备升级，在目前南门的清洗工作中，对于激光在不同状态表面的适用性、最佳的运行模式与参数以及激光清洗与机械清洗、化学清洗等其他手段的综合应用等方面已经较为成熟，取得了优越的清洗效果。我们详细请教了相关的技术细节，并特意询问了大规模清洗工作在时间和人员上的统筹问题。这都为文保中心的金属文物保护工作提供了重要的借鉴。

为更全面地了解激光技术在文物上的应用，增进和国际同行的交流，我们也参加了9月14-16日在佛罗伦萨举办的"第六届国际APLAR激光应用技术大会"。（图三）该会议是国际文物激光技术领域的盛会，汇集了世界科研机构关于激光技术的应用案例和机理研究，其中最主要的就是激光清洗技术在不同材质和保存状况的文物上的应用。通过认真听取各个学术报告，我们了解到当前激光清洗研究正在高速而深广地推进，除了原本应用已较为成熟的石质文物、壁画文物之外，在金属、油画、纺织品、纸张、陶瓷等各类材质文物上都涌现了不少新的案例。会议期间，沈依嘉也作了题为"Luigi Pigorini国立史前和人种学博物馆藏日本铜镜的激光清洗"的专题报告，分享了她在意大利文物保护与修复高级研究院求学时的研究成果。

图三 "第六届国际APLAR激光应用技术大会"现场

除了激光清洗技术外，会议上也有少量关于激光拉曼分析和激光3D扫描的报告，前者是文物无损分析的重要手段，上博文保中心也购置了此类设备，后者则涉及数字化手段应用于文保这一重要的行业趋势，因此我们也对这些内容作了关注和学习。

总之，参加此次会议除了收集各机构正在研究的具体技术信息外，更重要的是了解了当前该领域的发展动态，这些动态对文保中心今后在该领域研究的发展定位来说是十分重要的。而APLAR会议的架构、组织和专业程度也为上博在今后组织激光清洗技术研讨会及其他学术活动提供了宝贵经验。

二、开展激光清洗联合研究

根据双方前期工作积累和交流探讨，凝胶配合激光清洗青铜文物的联合研究是此次赴意之行的重点技术研究内容。激光清洗非鎏金青铜表面是文物激光清洗中被高关注度的研究方向：一方面激光清洗在清洗脆弱、精细的青铜文物表面、去除有害锈和避免化学清洗方法风险上具有其无可替代的优势，另一方面又有部分报道提及激光可能导致青铜表面的形态改变。

凝胶配合激光清洗正是作为优化清洗过程、避免不良反应的应用手段被纳入双方的研究考虑的。将质地透明、对文物安全无害的琼脂凝胶覆盖在文物表面，让激光穿过凝胶层进行作用，能够小幅调节激光能量层级，并持续释放微量的水分以降低表面温度和保证清洗效率。意方专家之前将该方法首次成功应用于石质文物表面，对于在其他文物材质上的应用极感兴趣，而对于文保中心而言，让激光清洗变得更为安全可控也是研究重点，寻找到应用于丰富的馆藏青铜文物的优化方案，提高保护效率。而这一研究处于国际前沿，在国内外尚未见相关报道，如果有所成果，当能为激光清洗的应用提供更多选择，有助于该技术在文物保护上的进一步推广应用。

本次的联合研究首先在CNR-ICVBC的实验室中展开。双方共享了青铜样品的X射线荧光、傅立叶转换红外分析结果，得到了样品基底及锈蚀产物的成分与结构数据，并对样品上的部分重点区域或存疑的区域作了进一步检测。对文物的表面特点和病害状况进行充分讨论后，双方共同确定了有待进行激光清洗的实验区域，进行了照相和视频显微镜观察记录。（图四）

在前期工作就绪后，我们和ICVBC专家共同携带样品赶赴文物激光清洗机开发企业El.En公司。该企业除了生产文物激光清洗设备之外，也致力于进行文物激光清洗的学术研究，是我馆激光清洗机的设备供应商，和ICVBC

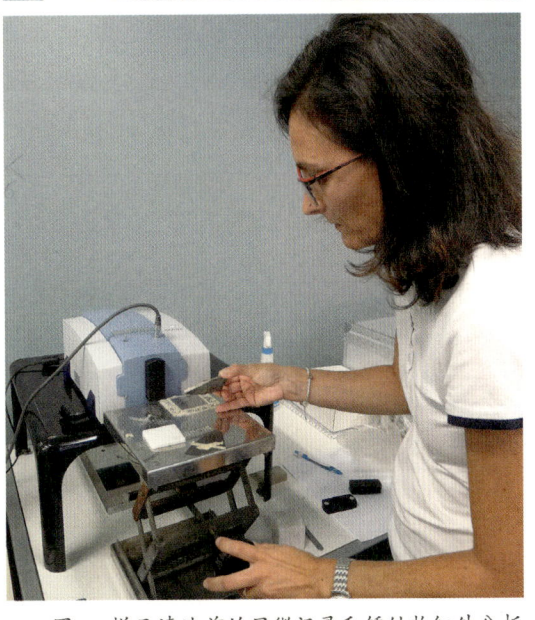

图四 样品清洗前的显微记录和锈蚀物红外分析

图五 激光清洗比较实验

图六 清洗效果评估及实验报告编写

等科研机构存在长期合作关系。在El.En公司的实验室内，我们使用其激光清洗仪器对样品的选定区域开展了直接清洗和以凝胶为介质清洗的比较实验，在实验过程中精确记录了所使用的技术参数。（图五）实验结束后，我们将样品再次带回ICVBC的实验室，对两种方法清洗后的区域再次进行科学检测和图像记录，并当场编写了实验报告。（图六）

在一系列工作后，我们和意方研究人员对实验结果进行了评估，就初步观察和分析结果而言，大部分样品上凝胶实验区的清洗效果都更为温和渐进。双方共同就凝胶的具体作用和清洗原理，以及激光如何能在去除锈蚀物的同时保留青铜文物皮壳这一关键问题上做了深入探讨，并对接下来的实验方案进行了优化设计，为下阶段的联合研究作打下坚实的基础。

虽然之前和意方专家已有数次会面和探讨，但这样真正地并肩工作还是第一次。整个实验的过程紧张而有序，双方很快适应了彼此的工作和沟通方式。本着学习的目的，我们也注重在工作中多提问、多观察，利用这次难得的机会尽可能借鉴意方在文物检测上的丰富经验并学习其严谨细致的工作态度。

三、探讨高光谱分析合作意向

文物高光谱分析也是近年来国内外的一个研究热点。相比过去的多光谱技术，高光谱在光谱范围和光谱连续性方面都有显著提高，为提取文物表面信息提供了极大的便利。国内拥有高光谱分析设备的文博单位屈指可数，对于文保中心仍是一种全新的技术，需要借助国际交流来增强仪器的应用研究，扩展研究的深度广度。

考虑到双方今后开展高光谱分析合作的可能性，我们也利用此次考察的剩余时间了解了CNR-ICVBC的相关最新研究动态，即将高光谱和X射线荧光、X射线衍射、3D扫描等设备通过精密数控移动支架进行整合，能够精确定位到文物的同一检测区域，从而实现多种检测手段的综合分析研究。（图七）

图七 精密数控移动支架及操作演示

这一集成化设备研发在ICVBC尚处于起步阶段，我们将与ICVBC保持沟通，密切关注该研究的应用效果。当前文保中心对高光谱技术的研究工作主要聚焦在建立各种材质文物样品的高光谱图数据库，而数据库的建立也离不开其他分析手段的验证，意方的研究思路是有启发和借鉴意义的。如何将各仪器的检测结果精确整合，正是我们所关注的亟待解决的技术难点。此外，上海博物馆和国内相关科研院所、ICVBC和意大利相关企业目前都在就中红外波段的高光谱分析设备开展研发实验，为双方研发设备的相互验证及文物适用性研究提供了良好的基础。

四、考察后的思考

回顾三年来的合作历程，双方的交流内容经历了一系列的转变与升级。从最初较为粗泛的木质文物和金石质文物保护技术培训，到现在选择激光清洗和高光谱分析两个较为明晰的研究方向，合作无论从质（研究方向的前瞻性）还是量（研究成果的获得）上都有了显著的提升。目前的选择绝不是对交流的窄化，而是让合作更有针对性、具体化和可操作性，无论从我馆的文物保护科研需求，还是从意方的技术特点，抑或从当前国际上的研究动态来看，这两项技术都具有持续的探索空间，以及广大的应用前景，正所谓"取精用弘"。

这次考察除了技术上的具体收获，也引起了我们的许多思考。文保科技从很大程度上说是对其他领域的前沿科学技术采取"拿来主义"，由于行业的特殊性，几乎所有新技术的应用都会引起不小的争议，甚至是相当的抵触，正如激光清洗文物在最初被视为天方夜谭。应当说，由于每件文物都有自身的特殊性，没有一种手段是百试不爽的万灵丹，但绝不应就此将新技术拒之门外，而是应当建立科学的评估体系，研究其适用性和优化的可能性。激光清洗技术在文物上的探索应用之路正是一个典型的例子。从理论可能到实际应用，到文物专用激光清洗设备的研发，又借助专用设备进行新的探索，形成了具有活力的学术力量。身处一个科技高速发展的时代，我们作为新一代的文博人和上博人都应当积极关注行业内外的科技动态，打开思路，敢于"拿来"，善于取用。

在开展激光清洗联合研究的过程中，我们更深刻地体会到科学手段贯穿于整个文物保护过程中的重要性。例如激光清洗操作前的诊断和记录能够最大限度提取和保留文物的信息，并为之后清洗效果的对比提供客观依据。目前国内仍存在将文物保护和修复人为割裂的情况，尤其许多修复工作中缺乏科学手段的辅助和足够的记录，仅凭修复者的主观判断为之，这造成了很多宝贵信息的流失，也无法客观评估修复的效果。在意大利考察时我们看到了文保科学家和修复师密切、诚恳的合作，这应当是意大利文保技术能在大半个世纪内一直走在世界前列的主要原因之一。

我们也十分珍视此次交流中获得的学术会议建设和技术推广方面的经验。APLAR会议的主办方既包括CNR-ICVBC在内的公立研究机构，也包括私人文物修复企业，还有权威性的学术出版机构，这展示了跨机构合作以及发动联合社会力量的可能性。我们也看到了研究——应用——交流之间的良性循环。种种体验，都促使我们思考和展望如何将本馆文保中心打造成为促进国际文物保护学科发展的长期交流平台。

价值认同——考古遗址展示的思考

2017年10月赴英国学习考察 黄翔

2017年10月8日至10月28日，我有幸参加了由上海市文物局组织的城市更新与近现代建筑遗产保护利用研修班，赴英国纽卡斯尔及伦敦，进行了相关的课程学习与现场考察。学习内容和课程设置十分紧凑和用心，相关的课程所解决的也正是我们日常工作中正在面临或即将面临的问题；课堂教学与现场教学的穿插安排使得学习有了直观和具体的感受；教师与学员、学员与学员间的充分互动更是本次研修的特点，无数的头脑风暴在这样的互动中产生，并延续到参观环节和课余时间。可以说此次研修的收获远超我的预想。

结合我自身的专业背景，以考古遗址的展示为题，简单谈一下在这方面的研修思考。

考古遗址作为文化遗产的重要组成部分，有着极高的文化价值和经济价值。如何保护好、利用好考古遗址，充分挖掘、发挥考古遗址所蕴藏的价值，并使之在尽可能长的时间里为公众所充分分享，一直是重要的议题。简而言之，就是如何让考古遗址"活"起来。

需要被"活"起来的是考古遗址所包含的信息，"活"起来的受众是广大的观众。作为考古工作者，我们就是这之间的桥梁。如何让考古遗址"活"起来，是我们的责任。

现在的考古工作已经不再是埋头发掘、伏案研究，公众对文化的新需求也促使我们以更开放的姿态向公众展示考古现场，让公众近距离感受历史的温度。我们在这一过程中也在不断探索、总结、反思，欲将我们的初衷和公众的期望达到更好的契合。

考古遗址的展示对于我们理解历史是相当重要的，它是一门专业的工作。在展示之前，我们需要知道如何

图一 纽卡斯尔塞格杜努姆罗马遗址

图二 伦敦金融城罗马圆形剧场遗址

图三 一处英国建筑工地发现的考古遗址

图四 复原展示

与观众进行沟通，在沟通之前，我们需要知道公众如何接收信息、如何学习。任何把陈列品与观众体验割裂开的展示都是失败的。以往我们在展示时非常注重信息的表达，但这并非展示。展示是基于信息的新诠释，信息包含在展示之内。

而考古遗址展示的关键在哪里呢？

在培训其间，我们学习了英国的相关案例，并实地参观了纽卡斯尔塞格杜努姆（Segedunum）罗马遗址及伦敦金融城罗马圆形剧场遗址。（图一）两处遗址都对公众进行了很好的展示。参观之后，我感觉虽然与我国的情况不同，学者们对于展示的认识也存在差异，但英国的做法仍可为我们提供参照和借鉴。（图二）

历经时间的洗礼，保存下来的考古遗址不但数量稀少，且残损严重，我们现在看到的景象也绝非其真容。这种残缺是无法避免的，但我认为考古遗址展示的关键就在于这种不完整性。

考古遗址的完整性缺失是客观存在的问题，图三中展示的是一处英国建筑工地发现的考古遗址，除了参与发掘的人，大多数人都无法说清楚这是一处什么样的考古遗址。即使考古学家们进行细致的解说，公众仍旧无法对其产生直观的感受。我们的英国同行是怎么做的呢？英国的同行们在原地进行了这样的复原展示，当然是根据考古发掘的迹象结合已有的资料进行的复原。（图四）公众可以很直观的感受到这是一处古代的村落。

当然有国内的考古学家会对此提出异议，但是且慢否定这样的做法，我先来谈谈我作为一名考古工作者的亲身经历，我相信同行们也会有和我相似的感受。

在广富林遗址考古发掘中发现的一处距今5000多年、面积超6000平方米、高度3.8米以上，以草裹泥层层垒砌的人工修建的大型土台。（图五）在专家学者们看来，这是一个极为重要的考古发现，极具考古价值和科研价值。我曾接待过一批参观的市民，在我兴奋地讲解后，除了少数人比较直接的表达了他们只看到一大片花花绿绿的土之外，绝大多数人直奔下一个点去了，留下茫然的我呆立在原地。专家们可以在此兴奋地研究几天，而公众在此仅停留了几秒钟。相反的例子是同样在广富林遗址发现的宋元时期的水井，（图六）公众能看见的只有地表的圆形开口和下面有水的圆柱形坑洞。但是尽管如此，观众会花很多时间了解这口井有多深、井底有没有宝贝、你们怎么知道是宋朝的、宋朝人是如何挖井的等等一长串的问题，兴致极高。而专家学者从井旁过时，只会用余光扫一下这口水井，留意脚下不要踩塌井边，历时也就几秒。

图五 广富林遗址发现的人工修建的大型土台

图六 广富林遗址发现的宋元时期的水井

这样极大反差的原因何在？我认为，公众对他们无法直观感受的事物几乎是完全忽视的，因此也就无法对其所包涵的价值产生认同。可以说在公众看来，这就是一个毫无价值的东西。虽然通过我们传统的传递信息的方式，能够使一部分观众有一些认知体会，但这是远远不够的。

换一个角度我们再来看这一问题。从博物馆的展示来看，陈列的文物多是完整的器物或是经过修复的，配上简单的文字说明就能给观众传达一个很明确的信息，观众可以直观感受文物的价值。而残缺的文物却很少被用作展品做陈列，观众直观感受较为困难。那些无法进行拼对的陶片极少被用作展示，有的连专家都很难对其进行判断，何况观众呢。

因此得不到公众的价值认同，考古遗址的保护和利用就毫无意义。作为考古工作者，我们亟需要做的不是给予公众考古学知识、培养考古学兴趣、宣传考古学价值。我们要做的是以最直观的方式呈现给公众他们眼前的是什么，然后才有"然后"。我认为这就是目前考古遗址保护和利

图七 巨石阵复原展示

用中未予以其应有的重视程度的关键问题。

我们再来看一个被评为世界文化遗产的考古遗址是如何展示的。（图七）

这是一组巨石阵发现之后复原展示的照片。当然有学者认为这种行为是造假，我在此也不讨论这个问题（关于遗产的真实性是永远也争论不明白的）。我想表达的是，如果巨石阵仅仅是一堆毫无规律地倒伏在荒野的乱石，无论考古学家如何解读，多数参观者仍会将视之为荒野中的一堆乱石。当地的考古工作者和我说，在英国，没有公众的认同，国家是不能也不会将经费投入其保护中的。

在我国，我们能更大力度地对大量的考古遗址进行保护。但是，即便在如此之好的环境下，我们也不能在大量地投入之后，只有少数的业内专家光顾这些投入巨大人力、物力和财力的考古遗址，或者说仅仅用来作为一般景观而埋没其背后的文化内涵。要让考古遗址"活"起来，我们考古工作者就必须用科学、严谨和负责任的态度去思考、去尝试将这些考古遗址直观地展现给公众，让公众也能真切体会到考古遗址的历史价值、文化价值，激发经济价值，使我们的文化遗产保护事业在一个健康的系统中发展。

最后，我想再次表达一下对大卫·布劳夫先生的感谢与敬意。感谢他为我们的学习、考察及生活做出的细致、周到、用心的安排。对于他的敬业、勤勉、严谨、细致表达我最诚挚的敬意。

参加"博物馆教育与策展"海外研修与实习

2017年10月赴美国学习考察　吴悠

2017年10月27日至12月16日，本人参加了由国家艺术基金资助、中央美术学院与美国博物馆联盟（AAM）联合举办的"博物馆教育与策展"海外研修项目。（图一）在组织方的精心组织和安排下，先于中国北京、美国纽约、美国华盛顿三地参加集中授课和交流，之后前往美国旧金山亚洲艺术博物馆进行实习。利用这次研修机会，我参访了美国26家文博机构，通过授课、圆桌会议、会谈、访问等形式与近四十位美国博物馆专家、工作人员进行了面对面交流。在学习美国博物馆策展与教育创新理念的同时，也加深了自己对美国博物馆理论与管理模式的了解，为日后更好地从事博物馆文化交流工作打下基础。

一、纽约

11月1日，我们在纽约现代艺术博物馆（MoMA）举办了美国阶段的开班仪式。中国驻纽约总领馆文化参赞李立言先生、中央美院艺术管理与教育学院余丁院长主持了开班仪式，希望广大学员珍惜此次国家艺术基金提供的机会，开阔文化视野，增强文化意识，把十九大的精神贯穿到

图一　北京开班仪式合影

此次项目的学习与培训之中，深入考察博物馆策展与教育中的各项议题，特别关注展览策划与公共教育的关系问题。

随后纽约现代艺术博物馆副馆长温迪·伍恩（Wendy Woon）女士以《纽约现代艺术博物馆的教育历史》为主题，拉开了纽约培训课程的帷幕。在现代艺术博物馆工作人员的陪同下，我们前往展厅，现场考察题为"Items: Is Fashion Modern?"（物件：时尚的现代性）的特别展览和围绕展览所展开的The People's Studio活动。现代艺术博物馆上一次举办时尚主题展示是1944年，时隔七十余年再度举办时尚展，在美国博物馆界引起了巨大轰动，也是世界各地艺术类博物馆目前的"潮流"。在学习和观展过程中，可以发现美国的时尚展特别注重讨论时尚与时代背景、普通人群的关系，而不是简单地呈现奢侈品牌的发展历程。这一点不仅体现在策展中，也体现在围绕展览所举办的公众活动之中。（图二）

11月2日，我们前往著名的纽约大都会博物馆，在爱丽丝·施瓦兹（Alice Schwartz）女士的带领下，以《基于物件的教学与设计关键议题》为主题，在展览现场进行思考力与想象力的拓展学习。我们走进大都会博物馆非洲馆、美洲馆和中国馆，以"物件"为出发点，在老师的启发下对典型藏品进行深度的诠释与分享。藏品在展览现场应具有情境性，始终结合其相应的文化背景，这才能够让观众经过现场体验的方式对艺术品进行鉴赏与学习，达到策展人想要的效果。（图三）

11月3日，我们来到位于曼哈顿岛西南角的惠特尼美国艺术博物馆（Whitney Museum of American Art）。副馆长凯瑟琳·伯茨（Kathryn Potts）女士亲

图二 参与展览现场活动的美国观众

图三 在大都会博物馆展厅内的现场教学

自带领我们参观了2015年正式启用的新馆。创立于1931年的惠特尼美国艺术博物馆原本位于曼哈顿最为富有、知名博物馆云集的上东区，作为纽约旧城改造的重要工程于2年前搬迁至原先的工业区，这对于博物馆的发展路线、展览与公众政策都产生巨大影响。而惠特尼博物馆在展览导览方面有着很特别的传统，他们拥有一批素质高、专业强、具有学术性的博士生导览团，从此便可以发现该馆的定位和观众导向。在耶鲁大学博士生的陪同下，我们从学术性、文化性方面考察了名为"An Incomplete History of Protest"（抗议的片段史）特展。（图四）

图四 位于哈德逊河畔的惠特尼博物馆新馆

当天下午，我们来到著名的古根海姆博物馆（Guggenheim Museum）。亚洲艺术研究助理朱晓瑞女

图五 古根海姆博物馆助理研究员朱晓瑞介绍"世界剧场"展览策展过程

士、学校与家庭项目主任莎伦·瓦斯丽（Sharon Vatsky）女士与公共项目部主任克里斯蒂娜·杨（Christina Yang）女士，分别从各自工作角度出发，对"世界剧场"展览的策展理念、围绕展览的少儿教育与成人教育活动开展进行了介绍。（图五）

11月4日至5日，我参访了纽约多家重要博物馆，如911国家纪念博物馆、布鲁克林儿童博物馆、布鲁克林博物馆。纽约是世界上拥有博物馆最多的城市之一，博物馆类型和主题的多样性、公众对博物馆的喜爱与参与都让我深有感触。对于美国这样一个没有悠久历史和古代文化传统的国家而言，博物馆既是国家形象和国家地位的象征，也是教育民众和满足所有国民的"学校"。这一宗旨自美国博物馆建立之初便得以确立，并延续至今。

二、华盛顿

11月6日，我们抵达了美国首都华盛顿，开始第二阶段的交流学习。11月7日，史密森尼学会亚太美国中心安德拉·内伯斯（Andrea Neighbors）女士就《与艺术家合作及社区介入：文化实验室》为议题，与学员们交流探讨作为一个学术性的机构，博物馆如何通过艺术介入社群。史密森尼学会亚太美国中心长期关注亚太艺术在美国的发展，通过"文化实验室"的形式，推动艺术走出博物馆，走入社群，为人们服务。该机构并非传统意义上的"博物馆"，而更接近于一个专注于文化、艺术、社区的机构。我们就"文化实验室"这一形式，及背后所涉及的中美博物馆发展的特殊性与共同性，进行了较为深度的探讨。课程结束以后，来自美国博物馆联盟的全球项目经理梅根·兰茨（Megan Lantz）女士欢迎项目与全体学员的到来。

当日下午，来自华盛顿国际学校的吉姆·里斯（Jim Reese）先生，与他的助理共同呈现了一堂精彩纷呈的Project Zero（零计划）课程。Project Zero由哈佛大学开发，已有五十年的历史，在华盛顿的学校日常教育、博物馆衔接教育中都有普遍应用。（图六）与传统的知识点灌输不同，Project Zero更重视从不同角度进行主动思考，通过放大、对比、发现共同与不同来加深对知识点、艺术品的理解，融入全

图六　吉姆·里斯先生讲解Project Zero思维

图七　展厅现场的分组讨论

球思维。在几次与美国博物馆的交流中,我发现他们非常注重思维模式的培养,因为没有固定的知识点和观点来做判定标准,任何观点和想法都会受到肯定和赞扬。这有利于发散性思维的培养,具有创造性,但是否适用于中国学生,有待思考。

吉姆先生以"思考"为着力点,强调在教育工作中应当注重创造力、批判力与全球视野。他和他的团队从

图八 策展人为艺术类教师讲解展览亮点

艺术作品本身出发,通过现场举例,演示如何在博物馆艺术教育中进行"思考",以及如何通过三个思考历程活动,重新发掘观众和学习者对艺术品的接受与理解。里斯先生及其团队一直致力于以更加有效的方式架构起连接教育与艺术的桥梁。现场学员也参与到互动体验中,此种学习方式令学员也深受启发。

11月8日是非常忙碌的一天。我们走访了佛利尔·赛克勒国立亚洲艺术博物馆、国家肖像画廊、国立美国艺术博物馆。这三家博物馆均为史密森尼学会旗下机构,在藏品、研究、展览、教育方面都具有极强的实力。通过展厅现场教学、讲座、圆桌会议、分组讨论等方式,我们了解了这些博物馆的基本历史与构成、藏品特点和发展观念。美国博物馆十分擅长通过启发式导览来激发观众的思考,使观众对展品能有由浅入深的理解,学员们都表示受到了很大的启发。(图七)

课程结束后,美国国家画廊邀请我们前去参加为"Vermeer and the Masters of Genre Painting: Inspiration and Rivalry"(灵感与较量:维米尔与风俗画大师们)

这是当时整个华盛顿博物馆群中最热门的展览,天天都有大量观众排队入场,因此国家画廊特别贴心地安排我们参加华盛顿地区艺术类教师的夜间加场,免去排队和拥挤之苦。据悉,美国博物馆的会员众多,根据不同人群的需求、对博物馆的奉献多少,博物馆进行了精确的分类,因而夜场是常态。为了更好地烘托展览气氛,博物馆还请来音乐家弹奏维米尔画作中出现的维吉纳琴、鲁特琴、小提琴,将观众得到多维的展览体验。博物馆还慷慨地赠给夜场观众展览资料,策展人也亲自为大家介绍展品中的亮点。(图八)

11月9日全天,史密森尼学会亚太美国中心主任Lisa Sasaki女士带领我们进行设计思维工作坊。Sasaki女士的工作坊围绕"engagement"展开。所谓"engagement",就是指公众对博物馆各项活动的参与与"介入"。中美博物馆对此有着较大的不同,对于由谁来策展,美国不少博物馆在组织构成上就有所不同,更多从公众参与角度考虑,与国内的研究角度有较大不同。那么

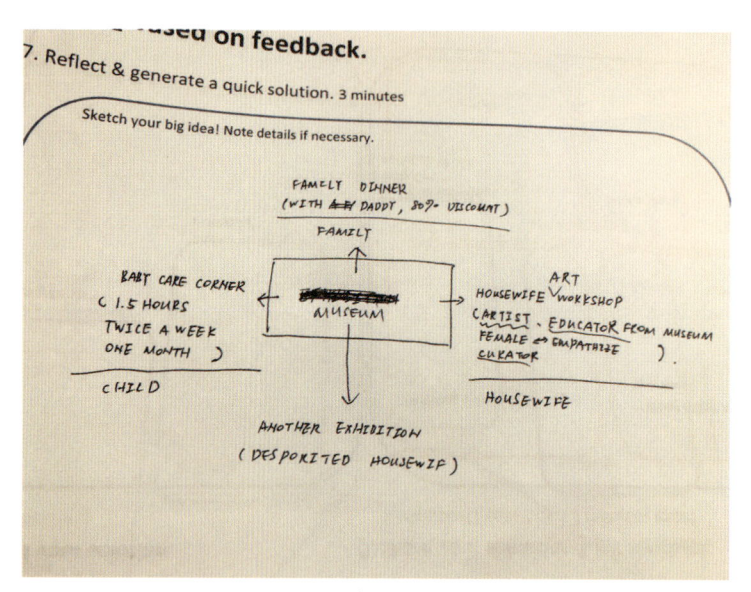

图九 本人以"家庭主妇"为目标人群所做的展览与活动计划

要吸引公众，一大任务就是对不同公众进行分类并分析他们的需求。按照Sasaki女士的要求，学员们分组进行角色扮演，发挥想象，为不同人群设计展览和活动，取得了超乎想象的效果。（图九）值得一提的是Sasaki女士所使用的理论框架来自斯坦福大学设计学院，可见美国博物馆对于理论框架的重视程度。

11月13日的活动全部在美国国家画廊举行。（图一〇）美国国家画廊是华盛顿最大的博物馆之一，也是美国甚少依靠国家财政的文化机构，其藏品之巨让我们叹为观止。首先由Heidi Hinish女士致欢迎辞并简要介绍了国家画廊公众项目的两大分类：以社交为目的的大型活动（如"教育者之夜"）、以个人体验为目的的小型项目。之后国家画廊的展厅导览就为我们展现了这类小型项目，Project Zero为思维历程的欣赏模式在博物馆展厅导览中得到极好的运动。下午则由国家画廊公众教育部同仁与我们进行了圆桌会议，分享两国在博物馆公众领域的异同。

图一〇 在国家画廊东西翼之间的全体合影

作为集中培训的最后一天，我们来到AAM总部。执行副主席罗伯特·斯坦（Robert Stein）为我们做了题为"技术与博物馆"的讲座。（图一一）随着新技术对博物馆行业的渗入，对于新技术带来的利弊，博物馆行业也有着激烈的争论。斯坦副主席在进入博物馆行业之前一直从事科学技术工作，因此他在进入博物馆工作后曾热衷于利用新技术呈现展览，但他发现在热闹的表象下，观众并未对展品留下印象。新技术是否喧宾夺主？是否解决了展览中的问题？是否是问题的最终解决之道？成为未来博物馆新技术的发展方向。

讲座结束后，美国博物馆联盟中国区总顾问帕特里夏·罗德瓦尔德（Pat Rodewald）女士与中央美院美术馆公共教育部主任任蕊女士作为项目主持，就研修培训项目进行总结。他们再次感谢国家艺术基金、中央美术学院及全体项目组成员对此的付出，并认为此次培训意义非凡，将大力促进中美两国博物馆界同仁在教育与策展领域的深入交流与发展，并表示愿意听到学员更多的对项目的反馈，希望能够总结经验，在今后的项目中不断丰富和完善。我作为学员代表进行了发言，分享这段时间的学习与经验。总结之后，我们与美国博物馆联盟的工作人员进行了交流，在欢声笑语中，美国集中授课阶段圆满落幕。（图一二）

图一一 罗伯特·斯坦先生讲授博物馆与新技术

图一二 作为学员代表进行发言

三、旧金山及周边地区

在项目组的安排下，我于11月15日抵达旧金山，开始在亚洲艺术博物馆教育与展品诠释部的实习工作。创立于1966年的旧金山亚洲艺术博物馆位于旧金山市中心，是美国最重要、最全面的亚洲艺术专题博物馆，也是旧金山的重要地标。馆长许杰先生赴美之前曾在上海博物馆文化交流办公室工作，2010年上博在该馆举办"上海"展，所以旧金山亚洲艺术博物馆与上博有着极深的渊源。

负责安排我实习的是展品诠释负责人Deborah Clearwaters女士。她在亚洲艺术博物馆供职近二十年，负责领导教育与展品诠释部的全部工作。这个部门主要担任三项工作：展览诠释、学校项目和公众项目。在到达的第一天，Clearwaters女士就详细为我介绍了亚洲艺术博物馆的部门构成和职能，并提供给我详细的博物馆展览和活动项目安排，可以说事无巨细都安排得十分妥当。

在旧金山的近一个月时间里，我通过列席会议、参与讨论、访谈咨询、查阅资料等多种方式，对亚洲艺术博物馆的策展机制、公众活动、市场发展和改扩建项目进行了深入调研，对美国博物馆的历史起源、管理运营、展览与教育、未来发展有了大致了解。

作为展品诠释方面的专家，Clearwaters女士参与策展的全部流程，我随着她参加了8次策展会议、1场馆领导级别会议和1场中层领导会议，并亲自参加了1场围绕展览举办的大型公众项目、1场定期举办的周末公益项目和1场走进校园的馆外活动。此外，我与中国艺术部门的Fan Jeremy Zhang先生进行了深入访谈，对亚洲艺术博物馆的展览策划流程、各部门协作机制、展览效果评估方式有了详细了解。

目前亚洲艺术博物馆每年举办3个大型展览、3个中型展览和3到4个小型展览。策展研究人（Curator）先在策展研究部内提出建议，在部主任（Chief Curator）的协助下对展览内容进行深化、提炼，然后在由各部门主任组成的高级管理层会议（Senior Management Team）上公开推介，会议通过后交由馆领导认可，随后再进入实际执行阶段。在整个策展过程中，最为重要的三个部门分别为策展研究部、市场传播部和教育与诠释部。策展研究是展览诞生的基础，也是"博物馆"的代表。而市场传播部负责展览的全部推广工作，通过一份常规性问卷，他们从策展人处得到信息，从"市场"角度出发，寻找展览的看点和卖点，制定宣传方案，对展览进行包装，确保知名度和参观量。这对于不依靠政府资金支持、将门票视为重要经济来源的美国博物馆而言很重要。教育与诠释部则以"观众"为基础，对展览内容、题目、展板甚至参观动线提出各种建议，策展人则根据诠释人员给出的要求修改展览内容。当展览的框架性内容全部确定后，教育人员再根据实际情况设计公众活动，如讲座、志愿者培训、针对教师、学生、普通观众的导览、周末家庭日活动、已成品牌的系列活动等。各个部门的主要沟通方式为各类会议，在会上大家各抒己见，气氛活跃。策展研究人会邀请与会人员为喜欢的展品投票，然后将结果提交给市场传播部。大家会把自己对展览题目的诠释用一句话的形式来表现（称为"Big Idea"），随后写在黑板上以供讨论和修改。这种讨论模式是美国化民主的充分体现，但在效率方面而言也存在一定问题，对此美方的工作人员也对我们直言不讳，称"要改变总是很缓慢"。

在实习之余，我还参访了旧金山及洛杉矶的9家博物馆机构。这些机构既有古代艺术类、现代艺术类也有科技类、自然景观类、探索类。不同类型的博物馆有各自的特色和亮点，这打破了我对博物馆收藏、展陈和项目开展的固有概念，为日后的工作和研究提供了很好的分析案例。

在此次研修中，我为美国博物馆极其强烈的"观众意识"而深深感动，每一项工作都围绕"观众"展开，也正因为时刻将观众放在心上，博物馆才能打造出"好看"的展览和"好玩"的氛围，维持有序的良性发展，通过多年系统化、持续化的努力，使博物馆成为美国公众文化生活的标杆。美国博物馆与中国博物馆最大的区别在于市场化运营和管理模式，这与美国博物馆不依靠政府资金支持有着极大关系。因而我也能真切感受到美国博物馆同仁的"危机意识"，未来的经费是否充裕、展览和活动是否受欢迎、社会力量是否愿意赞助、政府是否认其对社区的贡献等等，都是美国博物馆所面临的"危机"，这也带动着"观众意识"的不断增长，两者形成了互补，才塑造了今日美国博物馆的地位。

韩国书画文物的保护与修复

2017年10月赴韩国交流考察　吴来明　徐文娟　黄瑛　褚昊　裔传臻

本文将结合此次交流考察的内容，简单介绍一下韩国书画文物保护修复工作以及传统手工纸生产的现状。

一、韩国修复用纸的制作与选用

中、日、韩三国的传统手工纸有着相似的发展规律，随着现代造纸工艺以及机制纸的广泛使用和生产，手工纸的生产规模越来越小，质量也有所下降，甚至连传统造纸工艺的传承都面临巨大的挑战。缺少合适的修复用纸是整个书画修复行业所面临的普遍问题，也是一个急需解决的问题。

不同于日本所成立的国宝修理装潢师联盟，专门协调修复纸的生产和流通，并指定几家纸坊成为日本文化财保护修复专门用纸生产单位，韩国并没有统一指定的修复用纸，但各大博物馆和保护修复企业都向固定的几家被指定为无形文化财的传统纸坊定制修复纸张。本次考察就调研了其中两处传统韩纸造纸工坊：位于京畿道的张纸坊和位于闻庆的闻庆传统造纸。其中，闻庆传统造纸曾经承担制作用于修复朝鲜王朝实录、大长经、御用纸等重要历史文物的工作。（图一）

自唐朝起，高丽纸就由朝鲜传入我国，在宋朝时被称为"鸡林纸"。北宋陈槱《负暄野录》中云："高丽纸以棉、茧造成，色白如绫，坚韧如帛，用以书写，发墨可爱。此中国所无，亦

图一　与韩国闻庆造纸传承人合影

奇品也。"故宫倦勤斋通景画褙纸也是使用了乾隆时期的高丽纸。高丽纸现被称为韩纸，其原料为楮树皮。从树皮原料到抄造成纸需要经过草木灰蒸煮、打浆、抄纸、干燥等多道工序，每一道工序都可能会影响最后成纸的质量。我们调研的这两处手工纸坊都遵循传统工艺，除了一些工具有所改进外，从原料到抄纸工艺都较好地保留了传统造纸工艺，整个造纸过程不使用现代造纸工业所用的强碱、漂白等化学试剂。楮树原料和在抄造过程中起到重要作用的纸药黄蜀葵均为自己及当地村民栽培种植。其中闻庆传统造纸的继承人更是坚持种植韩国本土的楮树树种，并且只在每年冬季11月至次年3月进行抄纸。我们去拜访的时候已经是收割黄蜀葵的季节了，他还特地留了一小排没有收割的黄蜀葵给我们展示。蒸煮皮料所使用的草木灰也是遵循传统按照一定比例烧制而成，并且会严格控制石灰浆的酸碱度。两家的石灰原料略有区别，前者使用辣椒梗、杉木、大麦杆烧制，而后者使用的是黄豆梗、大麦梗、辣椒梗。纸坊除了生产定制修复纸外，也会接受其他纸张的定制。（图二至图九）

图二 闻庆传统造纸种植的韩国土种楮树

图三 蒸煮前的楮皮

图四 打浆机

图五 撕选皮料

图六 辣椒梗、杉木、大麦杆制成的草木灰

图七 抄纸槽

图八 朝鲜王朝实录复制用纸

图九 黄蜀葵

我国修复纸目前主要是使用以前购买储存的一些老纸。尽管红星宣纸厂、汪六吉宣纸厂等纸厂先后恢复并采用传统工艺生产手工纸，并且拥有自己的原料生产基地，但目前的手工纸性能主要是适用于书画绘画，并不能完全适用于修复工作。今后希望能够借鉴韩国和日本的经验，和纸厂进行合作，定制适用于修复的手工纸。

二、书画文物的保护和修复

我们参观调研了韩国古宫博物馆修复实验室、国立中央博物馆保存科学部、韩国文化财保护研究所，以及古仓书画装裱协会，就书画文物修复工作流程、修复清洗方法、装裱浆糊、定制修复材料、无酸纸盒、纸墙等问题进行了交流。

韩国的书画文物，同时受中国和日本的影响，其装裱风格、纸张选择和修复方法等与中国、日本相似，但又有着自己的风格。韩国使用以楮皮为原料制成的手工皮纸，根据不同的书画文物对象，在选料、抄造和加工方法上会有所不同。而中国书画自明清以来主要使用泾县所产的檀皮和稻草制成宣纸作为托裱和修补材料，同时也会根据不同情况使用皮纸竹纸等其他种类手工纸。日本使用的则是以楮皮为原料，根据使用位置不同而添加了不同填料的美浓、美栖和宇陀纸等。

在装裱形式上，韩国书画文物也与中国较为相近，装裱后的书画文物可分为三层，第一层画心，第二层命纸，第三层褙纸。命纸和褙纸会根据文物的不同情况选择使用单层皮纸或双层阴阳纸，而画心上的补纸或补绢也根据每件文物的不同特性，在科学分析之后定制相应的材料。我们参观韩国古宫博物馆时，修复人员正在进行一幅帝王肖像绢画的修复，根据文物检测结果共定制了5种不同的绢，经过染色、人工老化后用于修复。

韩国的书画文物保护修复工作流程和中国、日本都略有不同。除了博物馆自身的修复人员，还有社会上的修复企业参与文物的修复工作。韩国拥有文物修复资质的企业约有五十多家，多数为陶瓷、金属、书画文物的混合修复资质。而我们调研的古仓书画装裱协会是较少专门从事书画修复的企业。该企业成立于2005年，目前有12位工作人员，其中7位是修复保护人员。如果博物馆有充足的修复人员，文物在博物馆进行修复。而当博物馆没有足够的修复人员时，会通过竞标由有相关资质的修复企业承担修复工作。文物修复企业需要制定文物修复方案来竞标。方案通过后，企业会制作相关修复预算经费向政府申报。超过2000万韩元（约12万人民币）以上的项目，政府还会审核修复企业相关资质、人员配备、以往完成的修复案例等等。根据文物实际情况，企业会

图一〇 古宫博物馆修复实验室分析仪器

图一一 古宫博物馆修复中的帝王画像

图一二 古仓书画装裱协会为我们介绍概况

图一三 古仓书画装裱协会修复中的佛寺画

图一四 古仓书画装裱协会修复室

进驻博物馆进行修复工作，或者将文物运送至企业进行修复工作。比如我们所参观的韩国古宫博物馆，由于缺少足够的书画修复人员，由拥有书画文物修复资质的古仓书画装裱协会进行修复工作。而由于所修复的文物较为珍贵，且保存情况不佳，就由古仓书画装裱协会的修复人员进驻古宫博物馆开展修复工作。（图一〇至图一四）

三、结语

通过此次韩国交流考察，我们受益良多，与韩国同仁的交流探讨，也为我们正在进行的市科委和馆课题手工纸研究项目开阔了思路。韩国对传统造纸工艺的保护、手工纸的专门定制以及文物修复企业参与文物保护修复都值得我们借鉴参考。与企业合作定制也是目前国内博物馆各项工作的趋势，如何掌控好定制产品的质量以及通过合作推动文物保护的发展是我们下一步需要面对的问题。

东瀛访漆

2017年11月赴日本交流考察　包燕丽

2017年11月20—29日，笔者参加了上海博物馆与东京国立博物馆文化交流项目，赴东京、名古屋、京都、大阪、奈良等地考察文物藏品，参观了相关的博物馆和几个重要展览，收获良多。笔者此行的主要研究项目是漆器，先后考察了东京国立博物馆藏漆器9件、三井纪念美术馆藏漆器5件、根津美术馆藏漆器5件、名古屋德川美术馆藏漆器7件。这些漆器有些是国内罕见的宋元雕漆，有些是笔者从未见过、尚待认真研究的孤品、珍品，对重新认识中国漆器史有很大的意义。

一、东京国立博物馆

观摩漆器9件：北宋剔黑婴戏图圆盘、北宋剔黑花卉纹长方盘、元剔黑寿带牡丹纹葵瓣形盘、元剔红双螭纹椭圆盘、元剔红祝寿图圆盒、元末明初剔红莲花纹圆盘、明永乐剔红庭院人物图圆盒、明中期剔红花卉纹三叶盘、剔红葡萄纹圆盘。其中宋元雕漆是难得一见的珍宝，另有几件漆器有值得商榷之处。接待观赏的是猪熊先生。

剔黑婴戏图圆盘，口径31厘米，高4.5厘米。圆盘弧壁，圈足。以黄漆为底，髹黑漆，间朱漆一道。漆层不是很厚，以至于很多地方都磨显了朱漆层。盘内雕楼阁婴戏图，圆月当空，树木掩映，屋宇深深，园囿井然。庭院内孩子们有的在玩"斗鸡"（又称"斗拐"）、有的在捉鸟、有的手举拍子和长柄扇似在驱赶蚊虫，边缘的几位似乎是看管孩子的仆人，篱

图一　剔黑婴戏图圆盘（采自东京国立博物馆《中国宋时代の雕漆》，第16页，图14）

笆门口一男一女两人正坐在地上闲聊。院子围栏外左边是花圃，右边是池塘。盘内外壁均雕四季花卉。构图有序，所雕景物均极为细致。小小的月亮内雕了桂树及捣药的月兔，水池中还有两条游鱼；屋顶、门窗、围栏、内外地面、树杆叶脉……甚至各种人物的服饰都用不同的线条和几何纹表现，虽然不甚规则，雕工也略显生涩，却反映了雕漆程式化以前生动的形态。东京国立博物馆定此盘的时代为北宋，根津美术馆定为南宋（根津美术馆《宋元の美》图79），根据此盘的漆质、雕工和月兔、童子的形象以及院内四瓣花纹锦地、屋内尚未规范的菱花锦地，笔者认为此盘的年代较早，不会晚于北宋。（图一）

剔黑花卉纹长方盘，长35.5厘米，宽18厘米，高2厘米。桔黄底漆上髹黑漆，间朱漆三道。表面漆质极好，非常光亮。盘内雕四季花卉，中间一朵盛开的茶花，四周有牡丹、杏花、野菊、栀子花等，花形生动，雕工稚拙，花瓣、叶子、枝干等完全分开，花蕾锦地也十分呆板，可能是由于漆质坚硬、雕刻困难所致。盘外壁用斜刀雕连续香草纹，底髹黑漆，底足宽而矮，在长边左侧有"戚寿造"针划款，从裂纹看应该是后加。东京国立博物馆定此盘的时代为南宋，李经泽先生定为北宋（李经泽《漆缘汇观录 剔黑篇》第8页，图4），从其原始稚拙的花纹处理方式等方面分析，笔者认为定北宋较为合适。（图二）

图二 剔黑花卉纹长方盘（采自东京国立博物馆《中国宋时代の雕漆》，第25页，图20）

剔黑寿带牡丹纹葵瓣形盘，直径31厘米，高3.5厘米。盘呈花瓣形，弧壁，花瓣形圈足。盘内桔红色底漆上髹黑漆，雕寿带牡丹图，双鸟在牡丹丛中朝着一个方向比翼齐飞，构图生动，雕刻精细，翻转自如。盘外壁桔黄色底漆上髹黑漆，间朱漆一道，雕卷云纹。底髹黑漆，呈褐色。此盘与台北故宫博物院剔黑孔雀牡丹八瓣盘（台北故宫博物院《和光剔彩——故宫藏漆》第22页，图5）的漆质、雕工和风格极为相似，只是后者呈菱瓣形。后者台北故宫博物院定为元末明初（14世纪下半叶），笔者则比较倾向于定为元代。（图三）

剔红祝寿图圆盒，直径32厘米，高10厘米。此盒蔗段式，黄底漆上髹朱漆，间黑漆一道，漆质并不光亮。盖面雕群仙祝寿图：西王母在仕女的侍护下安坐于殿内，庭院内祝寿的人们络绎不绝，前面有手捧寿桃、福山

图三 剔黑寿带牡丹纹葵瓣形盘（采自九州国立博物馆《雕漆》，图11）

和吹拉弹唱的仕女开道，后面桥上和天边群仙正缓缓而来，天、地、水分别用不同的锦地表现，所雕景物较为疏朗，却略显呆板。盒壁雕四季花卉，有牡丹、菊花、山茶等，自然生动，但上下并不一致。盒内及底均为黑漆，后髹。从器型、画面及雕工等分析，此盒的年代当为元代。（图四）

剔红双螭纹椭圆盘，长20厘米，宽15.5厘米，高2.5厘米。盘旋口，圈足。盘内八瓣花锦地上雕双螭纹，周围云纹缭绕。盘外壁黄漆地上剔红卷云纹，间黑漆一道，底髹黑漆。此盘锦地与螭纹和卷云纹表面漆质色泽不同，表面光亮的一层概为日本后髹。从器型与纹饰分析，此盘当定为元代。

图四 剔红祝寿图圆盒（采自东京国立博物馆官网）

剔红莲花纹圆盘，直径18厘米，高3厘米。圆盘旋口，圈足。朱漆层很厚，间黑漆一道。盘内底雕莲蓬，内有莲子12颗，盘壁雕莲花瓣11片，莲蓬与花瓣之间雕下凹的几何纹及凸起的小花瓣，裂纹甚多。盘外壁雕花瓣13片。底髹黑漆，开裂严重。（图五）这种样式的盒子北京故宫博物院和台北故宫博物院都有收藏，而盘子比较少见。我馆的藏品中恰好有一件，盘内设计几乎与东博盘一致，中间也是12枚莲子的莲蓬，盘壁也是11片花瓣；但背面不同，是卷云纹。（图六）上博盘表面朱漆层极其光亮，黑漆底也经后髹，且有"周明造"针划款，以前一直看不明白，究竟是中国制作还是日本仿制。在筹备漆器展期间，我馆文保中心的专家对其进行了X-CT检测，图像显示该盘曾经大修，莲蓬仅表面为朱漆，下面堆积层几乎没有朱砂，开裂严重；莲蓬与莲花瓣之间的间隔部位完全经过重修，现为极其细密的网状锦地，与东博盘的纹饰相异。盘内外壁与盘心做法不同，均髹厚厚的朱漆，间黑漆一道，疑均为日本后髹再刻。上博盘经红外光谱检测，其图谱与中国传统漆器完全不同，更证实了笔者的怀疑。所以，上博剔红盘与东博盘一样是元末明初在中国制作的，因为漆质差，经年累月开裂受损后，在日本匠人的精心修复下又重获新生的。

图五 剔红莲花纹圆盘（采自东京国立博物馆官网）

剔红庭院人物图圆盒，直径18厘米，高6厘米。蔗段

图六 剔红莲花纹圆盘（采自上海博物馆《千文万华——中国历代漆器艺术》，第112页，图67）

式，髹漆厚，打磨圆润。黄漆地上髹朱漆，近底间黑漆一道。盒面雕庭院人物图，不同的空间用不同的锦地表现：回纹表示天、八瓣花卉表示地、波纹表示水。边壁雕四季花卉，有茶花、牡丹、石榴、菊花等。上盖及下盒花纹不是同一个样式，可能非一人所刻。盒内及底均髹黑漆，底左侧有"大明永乐年制"针划款，是一件标准的永乐器。（图七）

剔红花卉纹三叶盘，盘呈三叶形，圈足。盘内外黄漆地上髹朱漆，间黑漆一道，底髹褐漆。盘内及盘壁雕水仙等花卉纹，雕工及磨工均较粗糙，概为明代中晚期制作。三叶形的盘子较为少见，是否为茨菇叶或与三叶草有关，尚需证实，西安北郊火烧壁东村南窖藏曾出土过1件唐代类似的白瓷盘，据说器型来自金银器。（广东省博物馆《梦回大唐——盛唐艺术与生活展》，第105页）

剔红葡萄纹圆盘，直径20.6厘米，高3厘米。此盘宽沿、深腹、圈足。黄漆地上髹朱漆，漆层厚，近底间黑漆一道。盘内高浮雕三串葡萄，盘壁雕卷草纹，盘外壁雕卷草纹和蕉叶纹，盘底髹黑漆，底左侧有"大明宣德年制"刻款。此器整体雕工深峻，构图却显呆板，叶脉的雕刻尤显机械。从底款周边的裂纹看，应该是后加款。（图八）这种葡萄纹雕漆盘台北故宫博物院出版的《和光剔彩——故宫藏漆》中曾发表过2件，呈椭圆形，均有宣德款，1件款在底的上方，1件在底的中央，它们的年代被定为16-17世纪。其中款在中央的椭圆盘，笔者曾经上手看过，雕工粗糙，漆色暗，朱漆层间描黑漆一道，黄底为后加，时代应该更晚。（图九）但台北故宫博物院藏椭圆形葡萄盘比东博的圆盘画面还略显生动，所以判断东博盘可能是日本制作。参考日本九州国立博物馆《雕漆》图18的说明，此盘经X荧光扫描，底为2块木板拼合，显然与同时代的中国传统做法有异。

图七　剔红庭院人物图圆盒（采自九州国立博物馆《雕漆》，图20）

图八　剔红葡萄纹圆盘（采自东京国立博物馆官网）

图九　宣德款雕漆葡萄椭圆盘（采自台北故宫博物院《和光剔彩——故宫藏漆》，第83页，图71）

二、三井纪念美术馆

观摩漆器5件,其中南宋剔黑花卉纹圆盒,非常精细,其他如元—明剔红花卉纹花形盏托、明剔彩寿字花卉纹圆盘、明晚期剔黑双龙纹圆盒、剔黑虫石图圆盒等,也是各有特点,值得研究。负责接待的是小林祐子女士。

剔黑花卉纹圆盒,直径13.3厘米,高3.5厘米。盖隆起,圈足。黄底漆上髹黑漆,间朱漆一道。黄漆雕回纹锦地,斜刀雕花卉纹,中间的红漆层由此显露,成为装饰的组成部分。所雕花卉比较抽象,类似于唐代的宝相花,枝蔓缠绕,布满全盒。这类纹饰及雕工的雕漆器皿国内没有出土和收藏,无论纹饰还是雕工尚需进一步研究。从漆质及雕刻风格分析,此盒概为南宋制作。(图一〇)

剔红花卉纹花形盏托,直径21厘米,高2.2厘米。盘呈七瓣花卉形,圈足。盘内外壁桔黄底漆上髹朱漆,雕7种花卉,有菊花、石榴、茶花、李花、牡丹、栀子、玫瑰等。盘内外底均髹黑漆。花卉纹疏朗、生动,概为元末明初之物。

剔彩寿字花卉纹圆盘,直径18厘米,高1.8厘米。盘极浅,花形圈足更矮。盘内外在橘红色底漆上髹朱漆,再髹绿漆。盘内花形开光内雕寿字纹,寿字内外分别装饰万字锦地和回纹锦地,寿字周围雕灵芝纹。开光外盘壁内外均在橘红底漆上雕花卉纹,有菊花、李花、栀子花、椿花等,红花绿叶,非常鲜艳。从裂纹看,漆层下面有黑灰层,极薄。此盘漆层薄、漆质硬,色彩鲜艳,国内未曾见过,但基本元素都是中国的(椿花除外),年代及产地均值得研究,暂且定为明代。

剔黑双龙纹圆盒,直径32厘米,高8厘米。在橘红底漆上髹黑漆,盖面雕云龙纹,但"龙"的形象介于螭和龙之间,而且都不像。盒壁雕缠枝花卉纹,有荷花、菊花等,比较抽象,类似于宝相花,上下不一致。盒内和底均髹红漆。此器漆质粗劣,雕工也较拙,更没有好好打磨,图案仿宋元之间的云龙纹(美国大都会博物馆、旧金山亚洲艺术博物馆等机构均有类似收藏),却非常拙劣,概为晚明日本在中国定制的外销漆器。

剔黑虫石图圆盒,直径9厘米,高1.8厘米。盒面在高低不平仿石头样的橘红色漆地上髹黑漆,雕玲珑石、樱花树(此树只见花不见叶,花叶为5片,并非一种可能,梅花也是这

图一〇 剔黑花卉纹圆盒(采自李经泽《漆缘汇观录 剔黑篇》,第42页,图20)

样,但因为梅花的花期在冬天,不会与蝈蝈相遇;而樱花的花期为4-7月,与蝈蝈有交集的可能,所以判断为樱花)和蝈蝈图案,非常写实而生动,雕刻也极其精细。蝈蝈的翅膀、树杆和小草甚至用了戗金工艺。盒壁雕樱花一周。盒内及盒底均髹黑漆,底边为宽的矮圈足。这类仿生题材的雕漆,与中国传统风格完全不同,此盒应该是日本近代制作的雕漆精品。(图一一)

图一一 剔黑虫石图圆盒(采自五岛美术馆《存星》,第58页,图21)

三、根津美术馆

观摩漆器5件:南宋—元剔黑牡丹纹方盘、南宋—元剔犀卷云纹圆盒、元—明剔犀云纹长方盒、元—明剔黑春字纹长方盒、明早期剔犀云纹花瓣形盘,有的器物非常精美,独一无二。负责接待的是西田宏子女士。

剔黑牡丹纹方盘,长21.3厘米,宽20厘米,高2.8厘米。盘中央内凹髹黑漆,四壁朱漆八瓣花锦地上剔黑缠枝牡丹纹。盘外壁髹黑漆,从痕迹看为后髹;底为朱漆,为原有漆色。有方形圈足。盘内外开裂较严重,有所变形。从裂纹处可见下面有黑灰层和麻布层。从漆质及雕刻风格分析,年代当为南宋—元。

剔犀卷云纹圆盒,直径8.5厘米,高3厘米。此盒黑面,髹漆厚,用黄、黑、红三种色漆交替髹涂,共12层。盖面及器壁雕卷云纹(或叫香草纹)。盒内及底髹黑漆,但还是显露出下面的朱漆。表面漆色亮,可能为后髹。从漆质和雕刻风格看概为南宋—元。

剔犀云纹长方盒,长34厘米,宽17.5厘米,高7厘米。盒髹黑漆,间朱漆两道,满雕如意云纹。盖面以三对云纹为中心,再雕两圈云纹,内圈14朵,外圈18朵,排列设计不太成熟。盒壁长、短各边上下分别雕8朵和6朵半云纹。盒内为日本后髹,莳绘富士山风景。前壁有铜搭扣,后壁有铰链。概为元末明初之物。

剔黑春字纹长方盒,长39厘米,宽16厘米,高8.9厘米。此盒表面为黑漆,磨显处却处处显示底下是橘红色。盖面围绕春字纹对角雕双螭、双寿带穿梭于牡丹丛中,春字纹内填满十二瓣花卉纹锦地;盒前壁亦对角雕双螭、双寿带与牡丹;左右及后壁均雕牡丹花。设计周密、布局紧凑、雕刻精准。填漆铜搭扣饰蔓草纹,上面配一把双龙首鎏金锁。盒内及底均髹黑漆。这种样式的雕漆盒未曾见过,从螭纹及鸟纹看属于宋元样式,而春字纹中的锦地多出现在16世纪以后,这是比较矛盾的,值得进一步研究。暂且定为元—明之间。

剔犀云纹花瓣形盘,直径17厘米,高3厘米。盘呈五瓣花卉形,圈足。盘内髹朱漆。盘外壁髹黑漆，间朱漆一道，雕5组如意云纹。盘底髹朱漆，有朱书"八房大"三字。仅在外壁雕刻的漆器很少见，根据形制和纹饰判断，概为明初（15世纪）之物。

看完上述5件器物以后，西田宏子女士又拿出了几件自己收藏的漆器让我们鉴赏，其中一件日本称作"存星"的盒子非常有特色。这是一个小圆盒，直径6.8厘米，高2.4厘米。平顶，直壁，子母口，竹、木胎，盖、底双面装饰。盖面斑驳，朱漆为底，磨显处露出黑（绿）漆，用一簇簇剔刻加磨显的彩色圆点组成的花样来装饰，每个圆点从下至上有朱、黄、褐、土黄、黑（绿）、红等色漆（西田宏子《南宋剔彩盒》一文中认为有九层漆，"从下至上的顺序为黄、橙、黄、浓赤、橙、绿、橙、黄、黑绿等九层"，并指出"宋代雕漆中常见这种髹九层漆的情况""冈田文雄先生认为九层是中国的阴阳五行思想中最大的阳数，和吉祥有关"，载《中国古代漆器学术研讨会论文稿》，第75-82页），每一个图案均围绕中心圆点由7个圆点组成，整个设计又围绕中心花簇，内圈排列6簇完整的图案，外圈12簇，完整的与不完整的交替排列，边缘刻红黑色的锯齿纹；盖沿用朱漆和褐漆描饰一圈点圈纹。底面装饰与盖面基本相同，但有点凌乱，边缘刻朱黄色旋纹。盒外壁为竹编，内壁及盖、底为木胎。盒内髹褐漆，开裂、斑驳严重。此器曾在2004年根津美术馆举办的《宋元漆器》上展出，但笔者以前从未见过，其产地、年代、制作工艺等值得好好研究。（图一二）

图一二 剔彩圆盒（采自根津美术馆《宋元の美》，图72）

四、德川美术馆

原定观摩漆器7件（组）：南宋剔犀花卉纹捧盒、南宋雕漆双鹤花草纹长方盘、元剔红牡丹纹圆盘、明洪武剔红绶带玫瑰纹圆盘（永乐款）、明剔红花卉纹盒（15世纪）、明剔红花卉纹围棋罐（一对，15-16世纪）、明嘉靖剔红群仙图圆盘，后又增加了一对明永乐剔红吉祥宝相花纹围棋盖罐，比单子上所列罐子更好，非常少见。负责接待的是吉川美穗小姐、安藤香识女士、四辻秀纪部长。

剔犀花卉纹捧盒，直径22.5厘米，高12厘米。此器平顶，斜肩，直壁，弧腹，圈足。通体在黑底漆上髹朱漆5道，间黄漆4道，表面髹黑漆（呈褐色）；雕有规律的宝相花、心形如意及卷草纹等。盖面菱形构图，中间为两层心形云纹组成的柿蒂纹，四角为宝相花，边连肩为四朵如意云纹，间杂蔓草纹等。盒壁雕繁复的卷草纹。所有图案都能对应、连接、转换成另一种图案，纹丝不乱。圈足雕T形回纹。器型极其规整，纹饰设计极为奇妙华美，剔刻巧夺天工。盒内及底均髹黑漆。这件盒子德川美术馆定为"南宋屈轮纹犀皮食笼"，应该是放食物的，下面还有一个相应的托盘。这类极其精致、复杂的剔犀实物国内从未见有出土，而尺寸较小或较为简单的实物在福建闽清宋墓、山西大同金墓中曾有出土，前者为心形如意云纹，后者为蔓草纹。（图一三）

雕漆双鹤花草纹长方盘，长34.5厘米，宽18厘米，高3厘米。盘内在橘红色底漆上髹朱漆，再髹黑漆，雕一对仙鹤翻飞于花草丛中，盘外壁雕花草纹。矮宽圈足，底髹红漆，长边左侧有"戊辰阮铺造"针刻款。此盘德川美术馆定为"南宋唐花唐草鹤纹堆黑盆"，但看它表面黑漆底下磨显出厚厚的朱漆层，原来应该是剔红，为何会再髹黑漆，李经泽先生很早就发出了疑问，却百思而不得其解，成了一个谜。（李经泽《北宋朱漆禁令及有关问题的探讨》，载《中国古代漆器学术研讨会论文稿》第74页）此盘的花草采用抽象的唐草纹，这在花鸟纹的雕漆实物中也极为稀少。（图一四）

剔红牡丹纹圆盘，直径27厘米，高3厘米。盘旋口，圈足。黄漆地上髹朱漆，漆层很厚，间黑漆一道。盘内采用双层叠花的方法，剔刻牡丹花卉，枝繁叶茂，花朵累累，剔刻精到，非常写实。盘外壁雕卷云纹（或叫香草纹）。底髹黑漆（似为后髹），中间有朱书八思巴文，边缘有"张成造"针划款。从漆质、花纹设计和剔刻风格看，这是元代雕漆中的一件精品。（图一五）

图一四 雕漆双鹤花草纹长方盘（采自德川美术馆《唐物漆器》，图17）

图一三 剔犀花卉纹捧盒（采自德川美术馆《唐物漆器》，图2）

图一五 剔红牡丹纹圆盘（采自德川美术馆《唐物漆器》，图38）

剔红绶带玫瑰纹圆盘，直径32厘米，高4厘米。盘圆口，圈足。黄漆地上髹朱漆，间黑漆一道。盘内雕一对绶带鸟穿梭于玫瑰花丛中，盘外壁亦雕一圈写实的玫瑰花。底髹褐漆，左侧有"大明永乐年制"针刻款。此器漆色偏深，漆质上佳，剔刻娴熟，打磨圆润。据德川美术馆同行介绍，这件器物可能就是永乐五年明成祖赏赐给日本国王的20件剔红圆盘中的一件。如果这样，其年代可能早于永乐，概为洪武时期制作。（图一六）

剔红吉祥宝相花纹盖罐（一对），口径13厘米，高11厘米。罐敞口，斜颈，鼓腹，圈足，仿铜器尊形，有盖。黄漆地上髹朱漆，间黑漆一道。盖面及内外颈部均雕缠枝宝相花，盖钮雕莲花纹；腹部在宝相花上面雕吉祥纹，有盘长、宝瓶、双鱼、火珠、法螺、华盖、宝伞等。罐内及底均髹褐漆（一件罩过黑漆）。底左侧一件针刻"大明永乐年制"款，另一件刻"大明宣德年制"填金款，似为后刻。从漆质及雕刻风格分析，此两件器物概为永乐年间制作。据介绍，前者先行进入德川家，后者为明代晚期购置，而正好凑成一对围棋罐，也真是奇缘。（图一七）

图一六 剔红绶带玫瑰纹圆盘（采自德川美术馆《唐物漆器》，图22，原作"牡丹尾长鸟文堆朱盆"）

图一七 剔红吉祥宝相花纹盖罐（采自德川美术馆《唐物漆器》，图43，原作"莲唐草文堆朱碁笥"）

图一八 剔红花卉纹盒（采自德川美术馆《唐物漆器》，图45，原作"牡丹菊文堆朱食笼"）

图一九 剔红花卉纹罐（采自德川美术馆《唐物漆器》，图50，原作"牡丹文堆朱碁笥"）

图二〇 剔红群仙图圆盘（采自德川美术馆《唐物漆器》，图107）

剔红花卉纹盒，直径21.8厘米，高11.5厘米。盒呈碗形，上为钮盖，下为圈足碗托。黄漆地上髹朱漆，间黑漆一道。盖面雕四季花卉，有茶花、芍药、玫瑰、牡丹、石榴、菊花等，盖钮雕灵芝纹。盒身外壁全部雕牡丹花，花蕾锦地有所不同。上下口沿雕连续回纹，底足雕三角回纹。盖内髹褐漆，盒内黑漆上加髹褐漆，底髹黑漆。此盒上下可能非同一时期制作，其风格概为15世纪。（图一八）

剔红花卉纹罐（一对），直径11.5-12厘米，高10厘米。罐呈圆形，盖隆起，底内收，圈足。黄漆地上髹朱漆，间黑漆一道。盖面雕牡丹花，花蕾有所不同；罐壁雕茶花。罐内及底一件髹褐漆，一件髹黑漆。细观两件器物略有不同，髹褐漆的一件朱漆较深，所雕花纹生动；另一件则为刻意模仿而成。因而判断分别制作于15、16世纪。（图一九）

剔红群仙图圆盘，直径35厘米，高5.2厘米。盘旋口，圈足。绿漆地上髹朱漆，雕山水人物图。盘内圈用绿漆雕锦地，回纹象征天空，云朵及树石之间雕涡云纹锦地，用十二瓣花卉纹表示天台的地面。其余景物均用剔红表现：城楼高耸，树石森严，云水缭绕，群仙毕至。先到的人在仙台观望，后来者翻山涉水甚至驾鹤而至。雕梁画栋，人物情态各异，剔刻极为精细。盘壁绿漆地上雕四条游龙，用海水江崖作间隔。外壁绿漆花卉纹锦地上雕四季花卉及八宝纹，花卉有牡丹、荷花、葵花、李花、茶花等；宝物有卷轴、方胜、银锭、火珠、珊瑚、铜钱、犀角、灵芝等。底髹黑漆，中间有"大明嘉靖年制"填金竖款。此盘概为嘉靖朝之佳器。（图二〇）

此次漆器考察，看到了一批珍贵的中国宋元雕漆器物，与相关专家作了专业交流，特别是一些私人博物馆，以往很少来往，这次在东博专家的带领下一起提看文物并讨论，增进了相互间的联系。东京国立博物馆杨锐先生负责全部接待工作，猪熊先生接待并联系和陪同观摩了所有漆器，对此深表感谢。

　　遗憾的是由于时间所限，看到的漆器实物十分有限，总计为27件（组）。据了解，东京国立博物馆仅网上公布的中国漆器资料就有百多件，此次仅提看了9件；德川美术馆、根津美术馆等从发表的资料看都是中国漆器收藏的重镇，无论数量还是质量都十分惊人，对探寻中国古代漆器的真实遗存无比重要。期待以后还有机会进一步观摩和学习。

日本博物馆展陈中的陈列设计与展品安全

2017年12月赴日本交流考察　董卫平　王佳　赵岑瑒

2017年12月12日至21日应日本奈良国立博物馆邀请，我们一行三人赴日本进行了为期10天的交流学习，主要就"展览策划与设计""展品安全保护"等议题开展了学习交流，行程安排丰富紧凑，先后去了东京、大阪、京都和奈良的多家博物馆和美术馆参观学习，并与奈良国立博物馆学艺部进行了深入交流。

一、展览策划与设计

1. 出光美术馆

东京的出光美术馆位于皇居外堀附近的帝国剧场大厦9楼，于1966年开馆。日本石油公司"出光兴产"的创始人出光佐三先生历经七十余年收集的美术品为收藏系列奠定了坚实的基础。其收藏品以日本和中国的作品为主，每年举办5-6次展览。美术馆从开馆以来，就非常重视保持馆内的日式风格，让观众可以在宁静雅致的氛围中细细品味绘画、书法和陶瓷器等藏品的魅力。此外，还能欣赏到法国画家乔治鲁奥的油画、亚洲各国出土的陶片文物等诸多展品。休息区的环境非常好，有免费的茶水供应，设置的两排座位供参观者休憩、阅读展览相关单页，或是静静地坐着欣赏一下落地窗外的景色，隐约可以望见不远处的皇居。（图一）

图一　休息区窗外景色

博物馆的展陈设计已不仅仅满足于以展品展示为目的，对于展前的引导、展中的停顿和展后的回顾也应该包含在内，场景和氛围的营造对展览本身以及对观众的体验都显得尤为重要。展览展出的不仅仅是物，更是在传递策展人的思想、讲述展览背后的故事，并且与观众对话，引起观众进一步的思考与回味。

2. 国立新美术馆

国立新美术馆由世界著名设计师黑川纪章所设计，于2007年1月21日在东京都港区开馆，是自国立国际美术馆以来日本的第五间国立美术馆。该美术馆以共生为理念，所有建筑都为配合人和自然的融合而建，成为日本建筑史的典范。

国立新美术馆中的玻璃帷幕如波浪起伏般，让人过目不忘，设计则是以绿色概

图二 国立新美术馆内景

念出发，使建筑具有耐震、雨水再利用、地下自然换气等功能，且与地铁站连接。（图二）

馆内并没有收藏品，却拥有14000平方米的日本国内最大的展示空间，专门用来举办企画展和宣传展，因为场地宽阔，可以同时举办十个以上、内容丰富的展览会，作为艺术中心，它发挥着收集、公开、提供以及教育普及有关美术方面的信息与资料的作用。

2017年为国立新美术馆建馆十周年，馆内举办了名为"安藤忠雄《挑战》"的展览，馆内排队参观的人非常多，大家都非常有秩序，也都非常安静，工作人员也非常好地引导人们排队和前行。

3. 根津美术馆

根津美术馆让我们留下了比较深刻的印象，主要是因为这是一家"以大自然为主题的日本式庭园"美术馆。1940年创立，第二年开馆。收藏了实业家根津嘉一郎收集的以古代美术品和茶器为中心的7000件艺术品，以茶道用具和佛教美术作品最为著称。其中包括国宝7件，重要文化财81件，重要美术品99件。同时，根津美术馆内还收藏有中国古代青铜器、瓷器等。所收藏的中国文物，以其藏品丰富、门类多、精品多的综合优势而闻名。馆内的展示内容定期更换。

根津和新国立美术馆都是将艺术和自然结合得非常好的美术馆典范，而且很人性化、很绿色，现代博物馆展陈设计里面已不仅仅局限于一个固定的封闭的展厅，与博物馆的建筑结合、与

自然结合也是一种趋势。这些在当代艺术中颇为常用的艺术表现手法对于像上海博物馆这样以中国古代艺术为主的博物馆来说却很少采用，把藏品以外的一切与主题相关的元素融入到展览中，即便是以藏品本身为主的展览，在设计中也可以体现艺术的成分，甚至可以把建筑本身也考虑到展览设计当中，未来上博东馆在建设时也可以参照一二。（图三）

4. 东京国立博物馆

东京国立博物馆位于东京台东区上野公园北端，内有本馆、东洋馆、表庆馆及法隆寺宝物馆4个展馆共43个展厅，陈列面积1.4万余平方米，约有11万件收藏品，其中国宝87件，重要文物634件，以及一些受委托保管的文物。博物馆的主体建筑由象征日本历史的建筑物构成，历来被称之为"美术馆建筑与博物馆建筑的博物馆"。主馆中分类展出了日本美术品、出土文物、工艺品。东洋馆中陈列着亚洲、埃及等地的美术品和考古文物。另外法隆寺宝物馆中收藏有7-8世纪奈良法隆寺中的宝物约三百件。馆内时常举办以某一专题为中心的专题展览以及跨学科的展览。

图三 根津美术馆内景

在展览设计方面，东京国立博物馆的导览与宣传教育让人影响深刻。在新馆和本馆联通通道中集中展示了历年举办的特别展览的海报。还在醒目位置张贴了一年的展览计划、目前在展特别展览的分布位置。在每个展厅内部还有平面导览图清晰地描绘了展览的动线，让观众一目了然。（图四）

对于拥有丰富馆藏的博物馆来说，展览的策划和展

图四 海报墙

示设计一直面临着一个"度"的问题，比如过多的装饰设计会否喧宾夺主、无法突出展品本身；过多的文字说明是否限制了观众对展品理解的无限想象，因此我们看到很多以藏品为主的艺术博物馆，大多展厅装饰简洁、整体色调朴素、展品说明扼要，但是即便如此，精致和人性化是日本博物馆、美术馆给我们留下的共同印象。也许他们使用的展柜并不是最新的、设施设备也使用已久，但是每一件展品的摆放方式、角度以及灯光的配合一定是充分考虑了重要细节的展示，反光镜、放大镜、多棱镜、慢速旋转台等细节的设计，让观众在有限的空间里更加清晰得观摩到展品的特点。展厅的导引、展览计划预告、参观路径、休息区、活动区等等都以观众的需求为出发，能够体会到设计者并不是站在给予者的角度、而是站在使用者的角度去设计观众想知道的内容。还值得一提的是，在一些俯视的展柜及腰位置都安装有支撑木条，观众可以自然的撑靠在这些木条上观摩展柜内的展品，这样既节省了观众的体力，又避免对玻璃的触碰。

5. 大阪市立美术馆

大阪市立美术馆位于天王寺公园内，开馆于1936年。由旧财阀的宅邸改建而成，古典风格的建筑极有韵味。收藏品主要包括中国绘画、石佛等东方美术，还有佛教美术、尾形光琳的资料、近世的漆工艺等日本美术。

该馆也是典型的以藏品为主的艺术馆，但其展品的文字说明较为详细，还配以器物图片辅以说明，语音导览也较为丰富。（图五）

6. 大阪历史博物馆

大阪历史博物馆位于大阪城的西侧。博物馆以文物陈列、实物模型加上多媒体展示，尽可能地向参观者再现当年的风貌，向游客依次介绍大阪从古到今的各个历史时期，了解大阪这座古城1400年走过的风雨路程。

大阪历史博物馆是建在1300年前的难波文化遗址所在地，建造之前，有关部门就对当地的地况做了详细的考察和挖掘，发现了许多珍贵的文物和多处古建筑地基遗迹。为了保护这些文化遗产，大阪历史博物馆一改以往博物馆建筑的低层大面积构筑方式，而将它设计建筑成了一座10层高楼建筑。这样即缩小了占地面积，使大部分的原始地下遗址得到完好的保存，又给博物馆周围留下了一片美丽而宽阔的空间，它就是难波宫遗址公园。

图五 说明牌：将器物底部的图片印上也是一种很好的方法

多媒体的大量运用以及场景复原的手法使得展示效果变得格外生动形象，令人印象深刻。挑高复层的斗拱装饰增加了展示的气势。（图六）

由于历史博物馆以叙述历史为主，故事性较强，所以场景复原的手法在其中使用较多。场景复原能让观众从枯燥的语言文字中解脱出来，形象生动，直观深刻，让参观者深入其中，大大增强了参观体验。如今，即便是艺术展览，也越来越注重展览的主题和故事性，因此场景复原和结构性展示方式是有益的辅助手段，既能让故事更突出，又能把深奥的艺术更加贴近观众，这对策划也提出了更高的要求。

7. 美秀博物馆

美秀博物馆是著名设计师贝聿铭先生的作品，其别具一格之处在于除了远离都市之外，建筑的80%都埋藏在地下。它建在一座山头上，从远处眺望露在地面部分屋顶与群峰的曲线相接，好像群山律动中的一波。它隐藏在万绿丛中，和自然之间保持应有的和谐。（图七）

贝聿铭向我们展现的是这样一个理想的画面，一座山，一个谷，还有躲在云雾中的建筑，许多中国古代文学和绘画作品，都围绕着这个主题。走过一条长长的、弯弯的小路，到达一个山间的草屋，它隐藏在幽静中，只有瀑布声与之相伴……那便是远离人间的仙境。

我们看到的这个超越想象的建筑，可以说是被约束下的杰作，在制约中，我们看到了贝聿铭的天才手笔。从外观上只能看到许多三

图六 场景复原的效果

图七 美秀博物馆外景

角、棱形等玻璃的屋顶，其他都是天窗，一旦进入内部，明亮舒展的空间超过人们的预想。

建在山上的博物馆穿过隧道才可达，仿佛进入桃花源的诗情画意之中，馆内陈列柜用本木色配上灰色的地毯，淡雅柔和。

8. 奈良国立博物馆

奈良国立博物馆在1895年开馆，平成7年（1995年）已迎接了它的100周年。以1894年完工的本馆（重要文化财产）和1972年完工的新馆为中心，在其他寺院、神社的协助下，把这里作为保存全国文化财产的主地，并可在这里从事调查、研究。通过公开展示，在日本佛教文化普及上取得了许多成果。

本馆是明治时期以西方风格建筑的，西新馆则是以昭和时代校仓风格建筑而成，古色古香，馆前还有一个大水池，平时有许多小鹿会在这里休憩，景色优美。

东新馆主要用于春季特别展和秋季的正仓院宝物展。它作为特别陈列会场而随时被利用。在西新馆展示有考古、绘画、书法、工艺等领域的作品。其中绘画和书法的作品每隔1个月更换1次。

二、展品安全保护

1. 防震

日本是地震多发国，展览中的防震是众多日本博物馆十分重视的问题。可以看到许多橱柜都有防震设备，有些博物馆本身就是建造在防震地基上。在陈列中我们也可以看到对于一些易碎品，鱼线和挡板的使用十分常见和频繁。

我们在奈良国立博物馆交流时遇到原来任职于九州国立博物馆保护修复科的专家，他向我们介绍了九州国立博物馆新馆的三种免震装置，以及新馆整体建筑的免震构造。（图八）

2. 环境控制

无论是历史悠久的老建筑还是现代时尚新馆，日本博物馆、美术馆普遍十分重视文物的预防性保护，其中

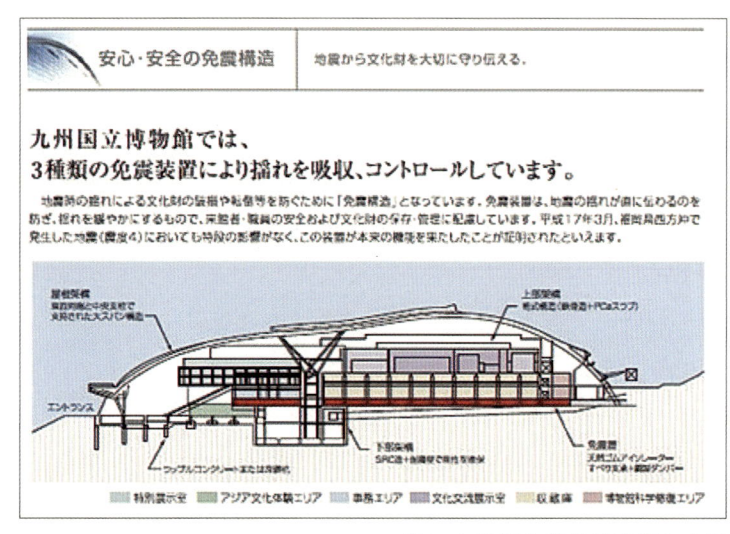

图八 九州国立博物馆防震示意图

展品保存及展出环境的控制最为重要。根据文物展览展示的需要，运用不同展柜、光源、环境调控监控设备以满足不同材质展品对温湿度、光照的不同要求。最终就是要达到让文物处于稳定洁净的环境中。

环境控制有许多项指标，通过不同的仪器监控检测。在东京国立博物馆展厅内，我们看到许多与外界自然环境有接触的展厅出口以及不同温湿度控制的展厅与展厅之间都有两道门，目的是让观众通过时内外空气交流有一个缓冲，更有效地保持展厅内所控制的温湿度。缓冲是一个有效又低成本的方式，从博物馆建筑到库房或展厅再到橱柜或展柜，如果能从这些方面做到最大程度的缓冲，无论是从环境控制的效果还是博物馆运行的低碳节能上，都十分有意义。

在与奈良国立博物馆的交流中，我们发现，除了必要的环境控制设备和仪器，监控和及时有效的调节也至关重要，因为许多时候，机械设备的调控并不能完全达到调控的目标或预期，监控和及时调节、维护可以弥补这些缺陷，同时降低由于环境波动对文物造成的损害。而监控的数据则必须进行有效分析，为文

图九 展柜中的调湿剂

图一〇 不同的展柜形式

物保护的技术提供依据。（图九）

此次行程中造访的出光美术馆中有一个陶片瓷片陈列室，陈列柜下层是带有小面积玻璃的抽屉，主要存放较零碎的陶片、瓷片标本，上层是玻璃罩，存放较大标本或较完整的器型，于存储和展示与一体，特别适合专业观众，这种展示方式亦可为未来上海博物馆新馆的开放式库房提供借鉴。（图一〇）

3. 陈列方式

为了满足展览展示效果，并把展品包含的信息尽可能多的展现给观众，又要保证展品的安全陈列，防止意外发生，展品陈列实则是一项要求非常高的工作。布展人员不仅要根据了解展品的材质、形态、特性，也要熟知展品的内涵，还有有必要的力学、光学等知识。有些展品水平放置就能较完整地展示和被观摩，而有些展品如若水平放置则很难把策展人想要展示的信息传递出

来，所以各种支架、固定装置、镜面等的运用丰富了展品陈列的方式，而灯光的运用不仅涉及观展效果，也对突出展品重要信息有特别的作用。（图一一）

三、结语

文物的保护与利用一直以来都是难以调和的矛盾，但是如果我们跳出对立的角度，尝试从保护中利用、在利用中保护的思路出发，也许两者之间并非此消彼长的关系。此外，加强文物利用过程中文物价值的有效发挥及知识传播的精准性，是展览策划应该着力探讨的问题。

图一一 不同的展陈方式

博物馆公共教育的精细化管理与思考

2018年3月赴中国香港地区交流培训　马云洁

2018年3月26日至4月1日，应香港中文大学文物馆邀请，本人前往中国香港地区参加北山堂基金会赞助的第五届博物馆专业培训工作坊，此次工作坊培训主题为"展览策划与教育"。

首先，我想先带入这次培训的几点思考，然后再逐一分块面进行这次交流的总结。

第一：博物馆礼仪。博物馆所面对的观众群体，通常是对博物馆教育对象群的细分化，是现在许多博物馆教育首要关注点。

第二：社会沟通。在博物馆教育课程及活动教案设计上日益强调的"和社会沟通"的方式，比如：从个人到家庭、团体（家族）亲戚、小组等。

第三：专业提升。博物馆教育体验性课程的专业化发展，比如：儿童博物馆，教材、教具等。

第四：主动创造。具有博物馆和观众双方的主动性和创造性，比如：参与性展览、访问教育、与专家的对谈等。

第五：社会责任。博物馆教育分担社会问题上的责任，比如：环保问题、针对残疾人、多文化家庭、外国人等。

第六：跨界合作。博物馆教育与不同机构联系及扩展，比如：展览结合教育课程的文创，书本等有文化内涵教育产品等。

第七：博物馆未来。博物馆为准备未来教育的技术变革，比如：将VR、AI、机器人等新技术的融入课程，教育展览的创新。

以上七点是这次出行对博物馆教育工作可操作的总结和提炼，接下来将逐一详述。

一、博物馆的礼仪

博物馆礼仪，既是对观众的要求和约束，也是对于博物馆工作人员的自我管理的体现。

可以来看一下数据：全年参观上博的人数近300万，其中未成年人有40多万。礼仪从小处培养，无论是什么类型的博物馆，它的门面（礼仪）奠定了博物馆参观者的素养，好的管理不是树块牌子那么简单，且须不刻板，兼顾人性化。

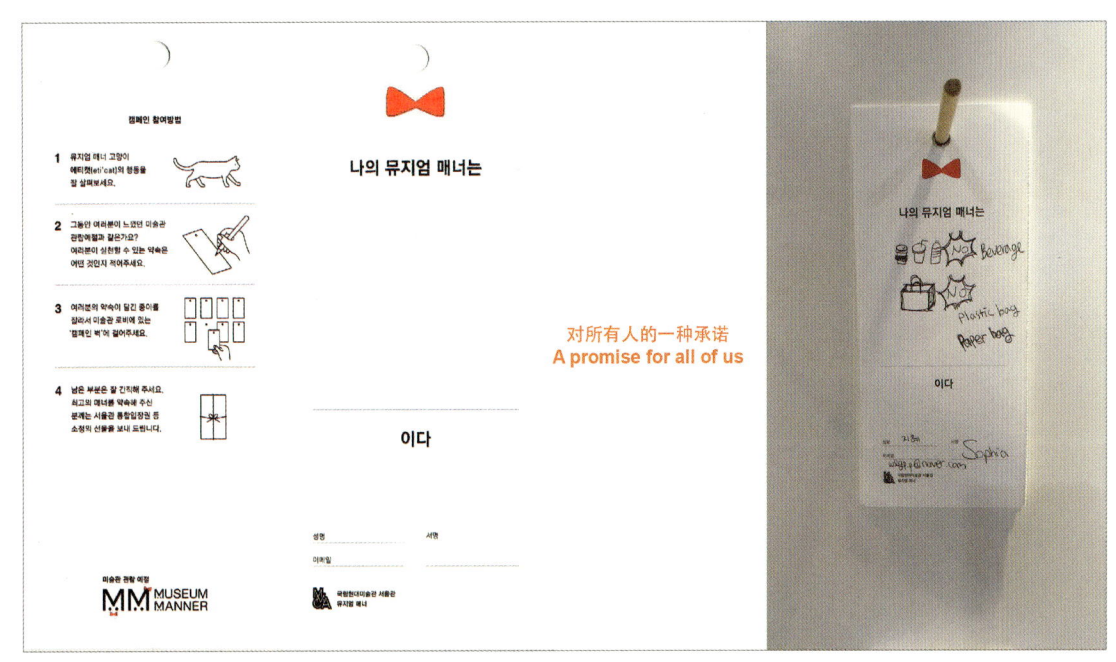

对所有人的一种承诺
A promise for all of us

图一 博物馆的礼仪

韩国国家现当代美术博物馆（简称MMCA）的做法值得提倡。

这是一张以卡通简笔画的猫作为形象设计的 museum manner宣传页，形象生动。这张宣传页的附页可撕下来，作用可能是将你的承诺写下或者画下来，固定在墙上。

通过设计，墙面显得很简单很干净，体现了博物馆的整体风格，干净舒适，礼仪礼貌也从而变得不那么刻板。（图一）

二、社会沟通

博物馆和社会沟通的教育工作、主要见于香港文化博物馆、香港海事博物馆和亚洲协会香港中心的案例。

香港文化博物馆是一所跨学科、多元题材的博物馆，主要展现香港文化面貌。他们鼓励家庭与儿童一起学习、认识、探究香港文化、历史、表演艺术和世界艺术，跳出课堂，活学历史。

香港海事博物馆之友的宣传册分为四个种类，收费个人500元、学生100元、家庭600元、60岁以上老人200元。收费价格适中，享受的权利也很多：首先是可以免费参观博物馆，全年免费参加一次博物馆酒会或活动，会员优惠听讲座和座谈考察活动等，家庭会员的家庭日活动，还包括书店、商店、咖啡厅等优惠活动，优先得到最新的电子活动信息。有常设的课程体系，覆盖了从小学到高中的所有普及性的课程。

亚洲协会香港中心所做的教师资源手册，非常详尽地为每一个展览编写了教师教案，内容非常详实，几乎达到教参的水准，每一章节都有讨论和活动，有一些艺术家的对谈视频参考和扩展。（图二）

图二 博物馆的社会沟通

三、专业提升

在博物馆教育功能上的精细化服务提升方面上，以前可能只对针专业观众，现在有对老人以及儿童的专题博物馆，尤其是低龄段的教育，通常会用鲜艳的logo和卡通人物代表它的文化形象。

韩国国立中央博物馆位于首尔。儿童博物馆就在教育馆中，让人大开眼界的是教育部一下子变成了教育馆。

儿童博物馆有自己的陈展设计，有导览图，并在展厅中的展墙上有放大的实际效果。

图三 博物馆的专业提升

教育图册的宣传设计也很亮眼，"十二生肖的主题展""亚洲厨房的饮食文化主题展"及"特展活动折页"等设计活动的教材做得也非常地可爱生动，卡通形象也非常灵动。

当时儿童馆正在做老虎主题的特展，正是配合主馆常规陈列特展主题的儿童展。儿童教育展厅区域不大，三百多平方米的展厅全用环保的瓦楞纸，起到保护小朋友的作用。（图三）

同在儿童展厅中的另外一条常设展览动线，主要是以韩国的服饰文化、陶器文化、建筑文化串起了整个韩国人生活的传统。这里，模拟的古人生活房屋和实用的陶器也非常逼真。电子互动装置，温馨的小贴士，互动的道具，做得温馨且专业。展厅中的传统服装的一个试穿间可让小朋友穿戴他们的古代的一些传统服饰。

  常设展厅中还有一些古代建筑的模型沙盘以及仿古的房屋，古建筑使用的一些建筑的构件，在房屋搭建的过程，通过一个墙面的文字说明，用非常简易的卡通线描形式展现出来。展板设计同样简单生动，整个展厅的游戏区、互动区给孩子提供了非常丰富的学习空间。（图四）

图四 互动学习区

四、主动创造

  这里说到的是博物馆教育的互动性活动和展览，也是受到了儿童博物馆教育的启发与普通陈列展览的区别，教育功能被放大。

  我在培训期间为香港中文大学文物馆设计并策划了一个针对大学生为群体的"丝绸之路"教育展作为结业作业。以分组形式选取香港中文大学文物馆的文物进行微型展览策划，与苏博教育部主任李喆、浙博陶瓷研究部的江宇老师共同合作"丝路使者——丝绸之路主题教育展"，从展厅布局和楼层规划到展品内容挑选，做了一个比较简单明了的设计。

  展览展品策划了涵盖路上丝路和海上丝路两个部分，并且配合丝路集市大型互动体验教育项目为主的展览内容。（图五）

图五 设计的海报

展厅的分布：
底层领取通关文牒。
第一展展厅的展厅布局为陆上丝路，选取了：

1. 隋牙黄釉骆驼、唐三彩骆驼：这是陆上丝路最为重要的载具，承载了物质和文明的交流。

2. 唐《金刚经》卷：中国最早的印刷物便是唐代的《金刚经》，印刷术也沿着丝路西传，敦煌和吐鲁番都有雕版印刷的木刻板和纸制品。印刷术的传播推动了西方知识文化的普及，深刻影响了社会发展。同样，《金刚经》还反映着佛教的传入，同样对东方中国的社会生活产生了深刻的影响。

3. 唐海兽葡萄纹铜镜：海兽葡萄镜是中国铜镜繁荣期最具代表性的题材，葡萄纹饰是当时最为流行的植物纹饰。而葡萄则是在张骞通西域之后，伴随核桃、胡萝卜、胡椒、石榴等瓜果蔬菜传入中国，进而对中国百姓的日常生活产生了巨大的影响的。

继续往上走到第二展厅，看到墙上的唐代百件丝绸之路上的文物图片以及当时通用的货币：开元通宝、东罗马金币、萨珊银币、龟兹五铢铜币、贵霜金币。采取的是互动和兑换机制。有一个模拟集市，可以在展厅中模拟货币交易。并简单设计了货币兑换系统及唐代丝绸之路贸易集市的教育互动版块：和宋代海商一起翻帐本的活动。

海上丝路板块主要是以香港海事博物馆藏航海模型为主。

"郑和"宝船模型（香港海事博物馆藏）的陈列代表了明代初年中国古代航海技术的巅峰。还有哥德堡号船模，哥德堡号是18世纪著名瑞典商船，曾三次到访广州，带回大量茶叶、瓷器等中国外销商品，在当时欧洲市场上炙手可热。同时还辅助有一些香港海事博物馆藏航海测量仪器组件（外借）、绘图工具套装。

明清之际，中国南方地区的各窑口开始依据外来订单而依样生产各类生活用瓷。其中以绘制欧洲家族徽章的瓷器和剃须盘、果盘等专用瓷器最为常见。并简单设计了海上丝路教育互动版块：设计元素——以老帐本形式表格化罗列宋代外销瓷器品种及价格。以货柜形式设计展柜。（图六）

整个教育展览虽然只是纸上谈兵，但希望可以通过我设计的展览让更多的香港年轻人了解丝绸之路对中西方发展所做的贡献，进而对一带一路的发展保持客观积极的看法。此项微型展览的策划，从立意选题、文物选择、展线分布和教育项目均获得了评审专家和同期学员的一致好评，也为今后

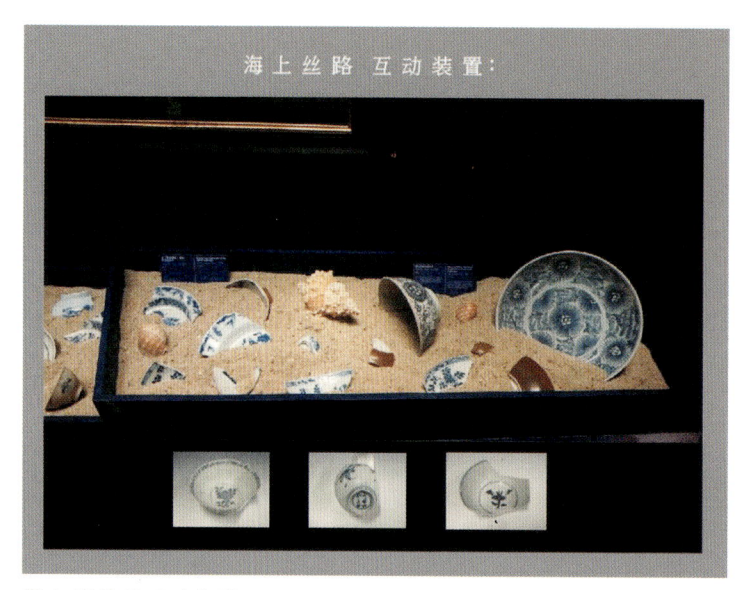

图六 设计的互动装置

的实际工作积累了相关经验。

五、社会责任

  无论是环保问题，还是针对残疾人、多元文化家庭和外国人等这些博物馆的辅助的社会功能和责任，其实在香港做艺术的推广也好，博物馆的教育也好，承担的社会责任都挺全面。

  作为香港先锋艺术的实验室和共创社——"油街实现"是由一所老建筑所改造，四面都是高楼，真正做到螺蛳壳里做道场的一个艺术馆，但他们的理念是把实践的场所扩展到了每个公园，真正做到博物馆是广泛拓展以及终身学习的地方。

  香港中心的另外一个教学小册子，主题是一个摄影展。其中截取了几页，这是一个非常小的摄影展览，可以看到册子上有很多层面的思考，关于艺术也好，关于人文也好，都有反思和问题。教育本身就应该突出展览，做多元的研究，文化也好，语言也好，起码找到并拓宽了人群和受众的群体。（图七）

图七 社会责任

六、跨界合作

  跨界合作，指的是教育品牌教育扩展、教育文创产品等。

  博物馆的文创是博物馆新的生命力，博物馆的定位、logo、形象决定了文创产

图八 文创用品

图九 跨界合作

品的风格，这几点是密不可分的。

案例1：香港历史馆关于儿童的文创。（图八）

案例2：韩国博物馆系统出版发行的文创系列针对年龄从2岁到12岁的儿童。

这种以教学为目的，设计为主体，把博物馆打包带回家的理念，其实也是国内博物馆教育部工作人员一直在尝试的。

案例3：韩国国立中央博物馆所做的导览手册制作精美，可以一边学习一边欣赏，包括学校团队所有的课程都是免费的，教育中心的教室也有很多都配置齐全，有三星赞助的高清多媒体屏和投放设备。

制作的关于特展的导览手册，例如：卢本斯画展的导览手册，从印刷到设计和内容的编排都是非常专业。中西瓷器、西方贵族瓷器用品的展览，以及他们针对埃及特展做的导览手册，所绘制的卡通形象栩栩如生，设计排版也异常精美。

在该馆文创商店还发现了一些具有教育互动方面的韩国传统陶瓷的一些手工教具、人偶的文创以及传统建筑的模型。相较国内博物馆的文创产品形式，要更加丰富。（图九）

七、博物馆未来

博物馆的教育应该往哪里去？博物馆作为终身学习的地方，教育展览应该怎么做，需要怎样的团队分工，运用怎样的手法，既好看，又好玩，还很高级？

香港文化博物馆在2017年举办的一个教育临展，也是为该馆成立二十周年纪念做的一次教育大展，主题为"卢浮宫的创想——从王宫到博物馆的八百年"，虽然展览已经结束，但听完他们教育部主任的简述，我仍特别感动。这是为配合特别展览做的教育节目单，推出了一系列的教育活动，透过新颖有趣的方式向观众介绍卢浮宫的沿革以及丰富的馆藏，而展览的主角德农是卢浮宫首任馆长，在导览图的封面可以看到他的虚拟卡通形象。（图一〇）

节目系列包括教育专区、戏剧导览、讲座和工作坊等。整个教育展览因为没有场地，把博物馆的聚贤厅（也就是我们说的咖啡厅）的一条长廊临时改建成了德农馆长的超时空藏宝阁。在教育专区内通过5台互动装置，以图文介绍以及34段动画短片，让参观者认识卢浮宫的八个艺术部门以及它们最经典的藏品。

其中排队最长、最有趣的要数他们多媒体呈现的虚拟时光机了，虽然没有实景图片，但内容是非常值得借鉴的，让观众跟一些分别与卢浮宫及紫禁城的发展有关的重要任务"会面"，这些人物身上承载着中国悠长的历史。后来，两座皇宫都变成公共博物馆，为大众服务。观众通过这个展览了解这两座中法宫殿发展的相近之处，并增加对中法文化交流的认识。当然全程都是由这个虚拟的卢浮宫馆长德农为大家介绍和导览。

一个接一个的多媒体互动参观，让观众目不暇接，配合展览还邀请了香港话剧团前来举办专场演出，专业水准也特别高。同时期还有讲座、对谈、工作坊、读书会、儿童动手课程。形式丰富的展览吸引的参观者年龄从2岁一直到70岁，所有展览包括讲座、手工活动等，全年龄段均采取免费预约制。

展望东馆探索宫的建设，希望新馆建成后上海博物馆的教育理念可以依托我们的馆藏，但不局限于此，结合上海城市文化和江南文化的特点做出更加接地气的教育活动和具有中国传统文化特色的教育展览。（图一一）

图一〇 "卢浮宫的创想"展览

图一一 博物馆未来

开放、多元、共享

2018年6月赴英国参加国际培训项目　徐立艺

国际培训项目（International Training Program，以下称"ITP"）是大英博物馆一项主要面对全球博物馆界专业人士的交流、培训项目。ITP可以追溯至2004年，当时应埃及政府请求，大英博物馆为埃及博物馆举办了为期两年的专业人员培训班。在课程结束时，参与各方都认为这样一个博物馆专业方向的培训班应当在更大范围的国际博物馆界推广，因此项目在2006年以国际研究人员培训命名正式启动，第一批16名学员来自中国、埃及、苏丹、伊拉克和南非。很快，该项目在开放、共享的基础上，成长为一个多元的、可持续的全球博物馆关系网络。2018年，笔者有幸参加了此项目。作为一个国际培训与交流项目，ITP本身就是一个很好的研究范本，其成功之道值得我们思考与借鉴。

一、学员构成

ITP每年招募约20名学员，参加为期6周的培训。2018年，共有来自17个国家、22家机构的23名学员参加了培训（图表一）。其中阿塞拜疆、尼泊尔、菲律宾和卢旺达是第一次参加。ITP在

图表一　2018年ITP学员所属机构	
• 上海博物馆	• 马来西亚伊斯兰艺术博物馆
• 阿塞拜疆地毯博物馆	• 墨西哥国家艺术学院与视觉艺术部
• 缅甸宗教事务与文化部（缅甸国家博物馆）	• 尼泊尔塔拉贡博物馆
• 敦煌研究院	• 阿曼乳香地博物馆（萨拉拉）
• 克罗地亚萨格勒布考古博物馆	• 菲律宾国家博物馆
• 大埃及博物馆	• 卢旺达国家博物馆
• 埃及亚历山大市国家博物馆	• 苏丹文物与博物馆合作部
• 希腊雅典不列颠学院	• 黎巴嫩文化部文物局
• 印度尼赫鲁纪念馆与图书馆	• 土耳其哈斯特帕艺术博物馆
• 印度总统府博物馆	• 土耳其安纳托利亚文明博物馆
• 印度新德里国家博物馆	• 乌干达卡巴莱博物馆

选择学员时，就非常注重国别、专业和工作背景的多样性。这23名学员中有博物馆馆长，也有艺术家；有的负责展览策划，也有的负责教育工作；还有修复师、考古学家等等，几乎可以构成一座小型博物馆。

截至到2018年项目结束，已有来自42个国家和地区的276名学员参加了ITP。学员大多来自亚洲、非洲、东欧和中南美洲。自2006年第一届ITP起，每年都有中国学员参加，目前已有37名中国学员参与培训（图表二），仅次于埃及的44名学员，参与人数占前五位的还有苏丹25人、印度23人、巴勒斯坦16人。伊拉克在2006年至2012年间每年参加ITP。2015年大英博物馆启动了为期4年的"伊拉克计划"项目，将为伊拉克培训50名考古学家，同时开展伊拉克战后考古遗址救援项目，为伊拉克的文物部门和博物馆提供针对性更强的培训。

图表二　2006年至2018年中国学员所属机构

• 国家文物局	• 国家博物馆	• 故宫博物院	• 文物交流中心
• 首都博物馆	• 上海博物馆	• 南京博物院	• 敦煌研究院
• 山西博物院	• 中国钱币博物馆	• 广东省博物馆	• 山东省博物馆
• 湖北省博物馆	• 四川博物院	• 香港康乐与文化署	• 中国古迹遗址保护协会

ITP选择学员以发展中国家或博物馆事业处于起步阶段的国家和地区为主，其中亚洲无论是人次还是国家都占第一位，共计有23个国家和地区、150名学员参与历年ITP（图表三）。对"欠发达"地区的倾向性，一方面是因为在西欧、北美等较发达地区，国际或馆际间的交流培训项目更多、渠道更便利，项目内容也更注重专业性。另一方面，ITP的招募策略也是服务于大英博物馆更深入开拓与中国、中东以及非洲各国关系的国际战略。ITP在当地招募学员有利于大英博物馆在上述各地开展展览、考古、学术交流等活动，而政府或馆际间的合作也有助于ITP的学员招募并开展后续项目，可以说两者在不同层面相辅相成。当然从更实际的角度出发，对该馆的研究员或研究部门来说，亚洲（以中国、印度、中东为主）、非洲（以埃及、苏丹为主）也是其重点藏品的来源地，以上这些地区的学员到访有助于相关专业部门的学术研究，也为未来更深入的学术交流创造可能。

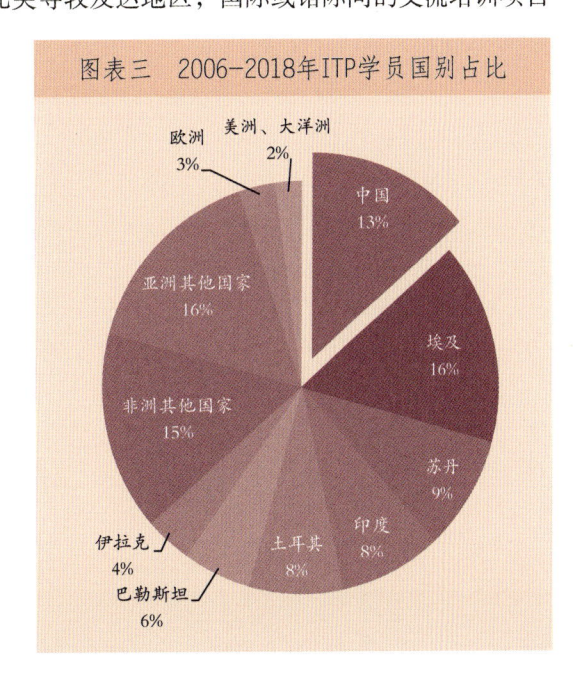

图表三　2006-2018年ITP学员国别占比

- 欧洲 3%
- 美洲、大洋洲 2%
- 中国 13%
- 亚洲其他国家 16%
- 埃及 16%
- 非洲其他国家 15%
- 苏丹 9%
- 印度 8%
- 土耳其 8%
- 伊拉克 4%
- 巴勒斯坦 6%

二、培训课程设置

ITP并非是一个学术研究性项目，它更关注博物馆的管理、运营与实践。发展十多年以来，ITP的培训课程架构完整、内容丰富，主要分为专业部门学习、课堂授课、参观考察、合作博物馆四个部分，涵盖了几乎大英博物馆的所有部门，同时涉及了英国的文化遗产保护政策和其他博物馆运营管理模式。不仅有该馆负责各部门、各项目的同事授课，还邀请大学教授、独立策展人、伦敦地区其他博物馆机构负责人开设讲座等等，丰富授课内容的探讨视角。

首先，ITP会根据学员的地域，将学员分派到各个专业部门，如亚洲部、古代埃及与苏丹部、希腊与罗马部、中东部、非洲、大洋洲与美洲部等。每周四学员到所属专业部门学习。笔者所在的亚洲部安排学员参观了亚洲部藏品库房，介绍文物保存、提取、转运的注意事项；为学员详细讲解了修缮一新的中国与东南亚展厅的展陈理念；特别为学员们展示了一批新入藏的中国象牙雕刻。学员们还随同亚洲部的研究员们探访了伦敦地区的其他博物馆。

其次，课堂授课内容可分成管理、藏品、观众、展览四大方面（图表四）。授课的形式也很多样，强调共享、参与与体验。在课堂上，学员经常被随机分组，就某一议题进行头脑风暴式的讨论。在藏品保管课程上，学员领取藏品保存条件评估表，分组前往该馆不同的库房，对保存环境评分，并提出整改建议。在文物包装与展陈课程上，学员们在各部门保管员和陈列设计师的

图表四　部分课堂授课内容

管理	展览	观众	藏品
• 英国文化遗产概况	• 摄影在常设展厅中的应用	• 常设展厅的观众学习项目	• 藏品保管
• 英国博物馆管理	• 中国与东南亚展厅的展陈和设计理念与实现	• 观众行为评估	• 文物包装与布展
• 博物馆的理念	• "罗丹与古希腊艺术展"的策划	• 观众调查	• 预防性保护
• 安全与风险管理	• 博物馆借展实践	• 学校与年轻观众	• 常设展览中的文物保护
• 博物馆的领导力	• "我反对"展览展厅设计	• 成人观众教育项目	• 科学研究
• 国内合作	• "英国钱币收藏"展览策划	• 社会团体合作项目	• 藏品数据库
• 公共考古项目	• "人民代表法案"发布100周年伦敦地区展览调研	• 志愿者项目	• 藏品档案管理
• 资金募集	• 人类遗存与生物考古		
• 市场推广与媒体	• 展品的诠释		
• 博物馆与幸福感			
• 员工参与度			
• 博物馆档案管理			
• 国际事务			
• 员工培训			

指导下，分组学习文物内包装、外包装和展览支架的制作。在观众调查课程上，学员们分组领取任务，扮演不同背景、不同参观目的的博物馆观众探访博物馆，在半小时内完成考察任务，并反馈参观体验。笔者所在的小组扮演一群来自美国的游客，其中有一名视障参观者。因此，小组特别考察了博物馆为视障人士提供的参观便利和服务。此外，每一名学员都有自己的大英博物馆账号，可以随时登录博物馆电脑，查询藏品库信息、下载图片，或者借阅书籍。

在这项培训中，该馆几乎向学员开放了一切资源，还真诚欢迎学员们对博物馆的工作"指手画脚"提出批评和建议。因此，ITP更像是一个交流平台，培训人与受训人在这个平台上平等对话，分享全世界博物馆的实践和经验。

在参观考察的课程上，项目组为学员精心挑选了一些在运营模式、机构规模、藏品类型等方面与大英博物馆有很大不同的博物馆或文化机构：有发现英国盎格鲁—撒克逊时期重要文物、主要由志愿者运营的萨顿胡船葬考古遗址公园；面临参观人数减少、运营经费紧张的布莱顿博物馆与美术馆；位于伦敦南部，拥有世界文化博物馆、自然历史博物馆、动物园、水族馆集一身，但仍希望能吸引更多年轻观众的霍尼曼博物馆与公园等等。这些机构虽然都不是ITP的主办方，但都精心策划，毫无保留地与学员们探讨文化机构的困境与前景，展示他们如何利用有限的资源进行学科研究和展览展示，为民众提供更好的艺术、文化和教育服务。

每年，英国一些地方博物馆都会作为合作博物馆参与培训课程。项目组会综合考虑学员提交的学习计划与合作博物馆的反馈，将学员分派到适合的博物馆，由接收方博物馆安排学员10天左右的课程内容。大英博物馆希望学员能够多方位了解英国各地博物馆的运作模式、发展战略以及面临的困难与挑战（2018年合作博物馆见图表五）。笔者同来自土耳其安纳托利亚文明博物馆的考古学家Okan Cinemre先后赴林肯郡与诺丁汉考察了林肯郡艺术与考古收藏馆以及诺丁汉大学博物馆。

林肯郡艺术与考古收藏馆隶属于林肯郡议会，财政也由林肯郡拨款，因此该馆协调林肯市内多个文化机构的运营。在一周的时间中，林肯艺术与考古收藏馆的工作人员为我们详细介绍了该馆的收藏、展览展示、藏品数据库、考古节活动，以及在林肯市内各处场地开展的教育项目和文化活动。我们实地考察了多个历史遗址、文化机构和一处考古发掘现场。林肯郡议会规划部门下属的历史环境记录项目组还专门为我们介绍了林肯郡用于记录考古遗址、历史遗存和保护建筑

图表五　2018年参与ITP的合作博物馆	
• 阿什莫林艺术与考古博物馆	• 曼彻斯特博物馆
• 布里斯托博物馆、美术馆与档案馆	• 惠特沃思美术馆
• 林肯郡艺术与考古收藏馆	• 北爱尔兰国家博物馆
• 诺丁汉大学博物馆	• 诺福克博物馆
• 格拉斯哥博物馆	• 泰恩—威尔郡档案馆与博物馆
• 曼彻斯特美术馆	

（群）的数据系统，为基建工程或房屋改建，提供专业的文保建议，并且该数据库及其相关地图、照片、研究资料全部对公众开放。虽然数据库还在不断完善中，但这一系统强大的开放性和实用性，以及工作人员细致的专业精神和对文保事业的热忱都让我们深感钦佩。

诺丁汉大学博物馆隶属于诺丁汉大学湖滨艺术中心。馆长及同事为我们介绍了该馆和整个艺术中心的展览与运营；与我们交流该馆为配合英国中小学校历史课程改革而设计的学生活动。我们前往诺丁汉大学计算机学院，观摩该学院师生开发的各种充满了奇思妙想的应用程序、互动展项和展陈技术，展现了科技与艺术的有趣结合；我们还访问了诺丁汉大学档案馆，工作人员特别为我们展示了19世纪末和20世纪初的土耳其相册，以及一本在1929年出版的《上海及周边城区鸟类图鉴》。

10天的参观访问中，各文化机构、文化部门间的"跨界"合作尤其令我们印象深刻。林肯郡艺术与考古收藏馆从ITP启动的第一年起就成为合作博物馆，每年接收学员。诺丁汉大学博物馆在规模上来说是一座微型博物馆，但近年来也积极投入ITP项目。两馆的工作人员都评价与ITP的合作让他们受益良多，拓展了他们的国际关系。可见，ITP与英国其他地区的博物馆慷慨分享资源，让参与机构同时成为项目的受益者，并且在这个机制上，鼓励各个博物馆建立起自己的联系网络。大英博物馆通过ITP主动履行其作为"非官方"国家博物馆引领其他博物馆发展的职责，不得不让人钦服该馆的格局与使命感。

三、"展品聚焦"——小型展览策划

"展品聚焦"——为一件展品策划一个小型展览，是培训课程中最重要的一部分，它是一项综合性课程，融合了展览策划、展品诠释、观众调查、观众研究、教育项目等等，既是授课内容、实践操作，也是学员的培训成果展示。2018年的"展品聚焦"课程相较于往年更强调合作与多元。此课程设计中，跨国别的组合、跨专业的研究也充分展现了ITP"跨界"的主题。

与以往不同的是，2018年的"展品聚焦"课程首先向学员公布了展览主题——"旅程"，其次由项目组为学员指派合作伙伴，展品也在培训项目开始后才向学员公布，并且学员不得选择来自自己国家的藏品。笔者的合作伙伴来自埃及亚历山大市国家博物馆，因此我们不能选择中国或埃及的藏品。这样的设计，让学员间的沟通与协作将会直接影响到最后的展览策划效果。

ITP安排了每周五上午为"展品聚焦"讨论时间，并精心设计了一系列课程来指导学员策划展览。首先，从"认识你的小伙伴"开始，到为展品"创造"一个故事，最后再由独立策展人为学员详细介绍展览策划步骤，剖析案例，帮助学员拓宽"旅程"这一展览主题的策展思路。从ITP的后半程开始，学员就要进入各个相关专业部门学习研究。

笔者与埃及小伙伴选择了一件来自马绍尔群岛的航海图。这并不是一件复杂的展品，而马绍尔群岛的历史在16世纪欧洲人到访前，也没有文字记录。因此，我们必须考虑如何丰富展品与展览的内涵,如何让一件陌生的展品与观众的情感产生"共振"。

在"展品聚焦"课程上,授课人引导学员从不同层次深化展览主题的涵义。"旅程"可以是物理空间上的移动、时间的流转,也可以是人类精神或情感的体验。在研读相关资料并与专业部门研究员讨论后,我们从凝聚当地人民智慧的"航海之旅"、代表寻回传统文化的"精神之旅"、因为海平面上升而可能失去家园踏上"生存之旅"三个层次诠释展览,让一件来自遥远太平洋的展品与当下的观众有了联系。

课程要求学员提交说明牌、海报和展板。在严格限定180个英文单词的展板中,我们提炼了航海图对马绍尔群岛人民的重要意义(图一、图二)。为了向观众提供更多马绍尔群岛的历史、地理信息和"旅程"的深刻内涵,我们制作了一份展览宣折页,其中最令大英博物馆的同事称赞的是,我们设计了马绍尔群岛与英国历史对比的时间轴,将枯燥的历史事件"可视化",让我们设想中的以英国国民为主要参观群体的观众能有一个更直观的时空概念。

在这次小型展览策划中,各专业部门的同事无私为学员提供了各种信息和一切协助,项目组也给予了学员最大的自由度,鼓励学员们在文创产品、教育活动、文案设计、图片制作、观众反馈等展览策划的各个环节充分发挥创意。在汇报日上,项目组邀请了大英博物馆各部门同事、合作博物馆代表和赞助机构代表等作为特别观众,观摩学员们的微型展览。学员们与来宾面对面交流,介绍展览策划思路,向来宾展示儿童活动、涂色卡、文创设计、贴纸、活动任务

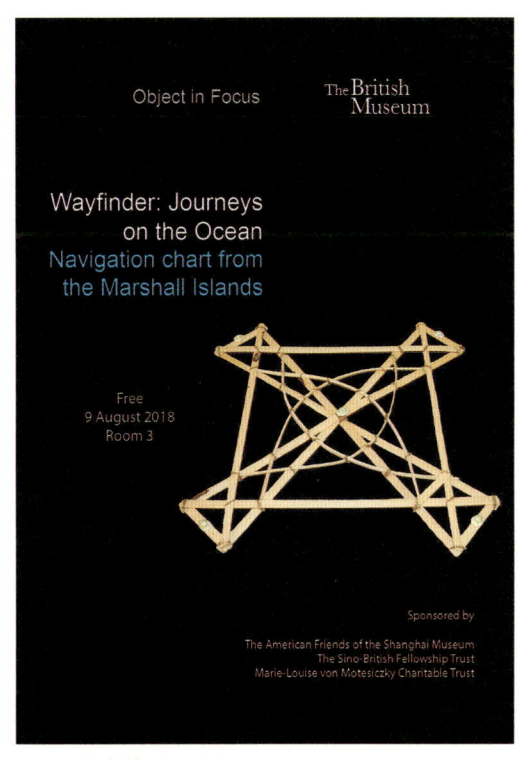

图一 展览策划的海报

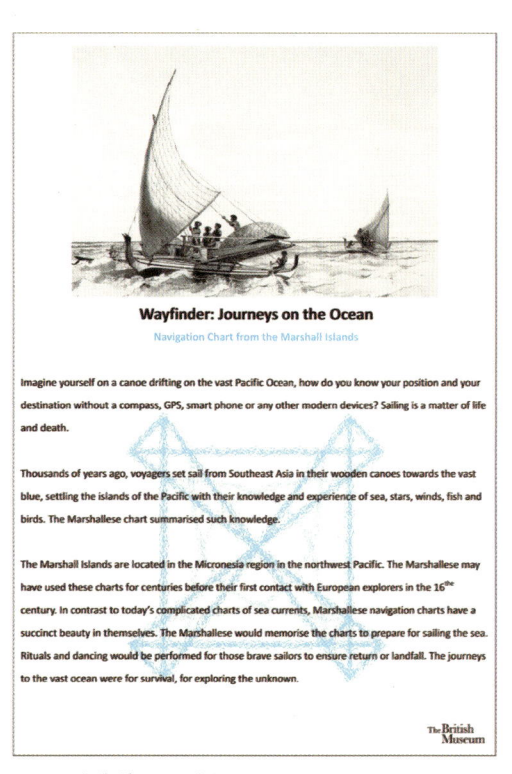

图二 展览策划的展板

表、观众反馈墙等等各种新奇有趣的创意。汇报日成为ITP参与各方的相聚交流盛会。而在历年的展览策划提案中，已有至少两项展览提案被大英博物馆"相中"，这些学员获邀回到英国，作为特邀策展人，将他们的想法变成真实的展览，在大英博物馆展出或在地方合作博物馆巡展。ITP不单单是一个知识与经验交流、分享的平台，它成为"孵化器"，一个让学员能够实现自己学术追求的地方。

四、ITP的成功之道

  ITP得以成功举办十多年，而且历年学员都对ITP赞赏有加，当然离不开大英博物馆全馆的支持。其中很重要的一点是，ITP由专人专职运营。在培训期间，项目组全程陪同学员参加所有课程，因此也全面掌握项目的进展情况，并时时与学员沟通，了解反馈。项目组还为学员准备了事无巨细的材料，包括内容丰富的伦敦与英国实用信息手册，涵盖所有课程内容介绍、授课人简介、参考资料的课本，详细到每天集合时间的课程表，外出考察的往返交通图等。六周的培训共有100多节课程，但项目组的工作细致到所有的课程和考察几乎完全按照课程计划进行，可以想象，在项目开始前，项目组做了海量的联络协调工作，甚至预演了无数次培训流程。同时，每年项目结束，ITP都要做全方位的评估，在此基础上，对下一年的课程设计进行调整。因此，如今的ITP与2006年相比，已经是焕然一新。这是一个不断在总结、调整、创新，从而保持良性成长的创意项目。

  另一方面，ITP早已不是一个单一的培训项目，它已经成为一个多维、多元的项目集合体。在每年夏季培训项目的基础上，ITP还为历年学员提供许多后续延伸项目，例如设立访问学者基金开展学术研究，邀请学员回到大英博物馆参与展览项目的策划，与合作博物馆在当地召开国际会议并邀请学员参加，在境外举办短期专题课程等等。同时，ITP不错过每一个能与学员沟通的机会，把每一个学员视为维护国际博物馆界网络上的关键点，除了每年的年度汇报、新闻简报、电子邮件联络，ITP还有自己的推特、脸书账号以及博客，保持着非常高的活跃度和学员参与度。近来，ITP甚至考虑要开设微信公众号，以加强与中国学员的联系。小到社交媒体上的互动、学员群里的聊天，大到国际会议上的正式发言，ITP构建了一张充满活力的全球博物馆关系网络，每个参加的学员、授课人、博物馆机构都变成网络上的一个个热点，通过这些热点延伸、编织了一张更大的、可持续的关系网络。这是一个"雄心勃勃"的培训项目，而将一个项目细化、深化、系统化，并且持久踏实地做好每一处细小的工作，也许这种专注、专业的精神最值得我们借鉴和学习。

博观 拾遗——日本京都便利堂考察记

2018年9月赴日本交流考察　李峰　冯炜　曹军　李舒婷　孙志平　张洁

珂罗版印刷是19世纪德国人发明的，清朝光绪初年由日本传入我国，距今已经有150年的历史了。上博在建馆之初就引进了此项技术，起到了对文物保护、推广和传播的作用，是国内唯一保留此工艺的文博单位。

由于现代印刷技术的崛起，对传统手工印刷技术产生冲击，以及传统技术原材料短缺等一系列因素，导致珂罗版印刷技术后继乏人。

一、考察起因

一个偶然的机会，我们在网上看到了日本便利堂所拍摄的关于珂罗版的宣传视频，在视频里我们了解到该社还保留和传承此工艺，并利用此技术生产不同种类的产品。在得知这一消息后，我们颇为震惊，原来日本还有保留此完整工艺的企业。为追溯传统技术的渊源，使传统工艺得到传承和发展，更好的提升自身技术力量，了解市场需求，我们决定赴日本京都便利堂考察交流。

考察组由上海博物馆副馆长李峰、珂罗版负责人冯炜、珂罗版印刷工艺研究人员曹军、珂罗版修版研究人员李舒婷、珂罗版照相及制版研究人员孙志平、文化交流办公室张洁六人组成。考察时间为2018年9月18-22日。（图一）

便利堂创建于1887年（日本明治二十年）。除了京都总公司外，日本全国范围内还有两家直营店，分别在京都市和东京市。他们与日本多家博物馆和美术馆都有合作商品制作的业务联系。（图二）

图一　参观便利堂

当我们到达便利堂工坊后，他们将曾制作的优秀珂罗版作品拿出来供我们欣赏。

为更好地便于与日方沟通和交流，便利堂特意制作了考察代表证，将每个人的职务和姓名都印制在上面。

图二 京都便利堂直营店

二、京都便利堂与上博珂罗版工艺制作流程比较

照相

便利堂所使用的照相机与上博的照相机基本相同，只是在相机的基础上加了个三棱镜，通过折射使得成像不同。他们原稿是放在地面拍摄，我们是放在画稿架上拍摄。拍照方式大体相同，都是透过磨砂玻璃用放大镜对焦，在放大镜下看到的画面清晰了，对焦就对好了。（图三）

我们在与日本便利堂技术人员交流中得知，他们基本淘汰了采用传统的底片对原稿进行拍照的方法，而是全面使用数码照相技术。其中原因有几方面：

（一）**原材料限制**：由于数码技术崛起，传统底片市场萎缩，各大胶片厂基本不生产大幅面底片，拍照所需的底片已经无处购买，迫使用数码代替底片。

（二）**拍摄方便**：传统底片在拍摄后需要经过显影、定影后才能看到效果，过程繁琐，手工冲洗耗时很长，对照相师傅有很高的技术要求，不是一朝一夕就能培养出来的。而数码拍摄直接能在电脑上看到效果，过程简单，拍摄时间短，效率高。

图三 拍照

（三）**易保存**：传统底片需要保存在恒温恒湿的环境中，不然底片会发霉老化，而数码底片存放在硬盘中，占用空间小，保存方便，只要做好定期备份就可以了。

数码照相虽然有许多优点，但是也存在不足之处，珂罗版印刷最大的优点是无网点，这也是与现代印刷技术最大的区别。通过与便利堂沟通我们了解到，采用数码照相技术输出的底片是有网点的，虽然肉眼看不出来，但是通过放大镜是可以看到的。

修版

日本便利堂在传统修版技法上与我们不同，通过修版师的讲解我们得知了他们的修版方法。

（一）**修版方法和修版工具**。便利堂珂罗版修片大量采用了遮盖和压制的方式，而遮盖时利用一种彩色的玻璃纸为遮挡物，这种彩色的玻璃纸也起到了分色的效果。根据画面人物的形状裁剪黑色纸进行不同部位的遮盖。这样在制版时，可以保留同一色系，遮盖住不同色系之处。在同一色系需要调整层次时，就用铅笔来进行修饰。（图四）

上博的珂罗版修版是采用专用的试剂对底片进行增厚和减薄的方法，所用工具就是传统的毛笔，修完的底片看上去更加完整，能直观地感受黑白灰的阶调。遇到皱笔部分需要在8倍放大镜下用专用美工刀刮修。

（二）**分色顺序不同**。日本便利堂在分色上是先完成黑白灰的版面，再按不同颜色分色完成。他们在完成一幅画时先对画面进行分色分析，对每一种颜色都进行了深入的研究，在研究过

图四 修版

图五 分色

后，他们制作了色卡进行严格的对比。每制作完一件作品，都会进行留样。（图五）上博的分色是先完成彩色部分的分色，最后再完成黑白灰的套色。

制版、晒版

便利堂与我们的制版流程是一样的，但采用的方法不同。

在第二步涂抹药水上，我们所有的操作是在一个支架上进行，先将版子放在半球形的支架上，浇上药水，然后前后左右摇动版子，使药水均匀地分布在版面上，而他们是直接双手拿着腾空进行操作，这样操作是简单了，但是难以精确控制药水剂量的多少。由于印刷方法的不同，也许他们对版子药膜的厚薄没有我们需要的那么精确。（图六）

最大的区别是在晒版上，我们不管是正晒还是反晒，都是在室外阳光下进行的，而便利堂是在室内灯光下进行，他们采用卤素灯照明，版子放在特制的玻璃台面上，台面可以正反面翻转，方便晒版。灯光晒版最大的好处是不受天气影响，光源恒定，便于操作，质量稳定。这是我们最

图六 制版　　　　　　　　　　　　　　　　　　　图七 晒版

迫切需要改进的地方。（图七）

印刷

日本便利堂珂罗版印刷在过程上与我们大致相同，部分细节与我们不同，区别有以下几点：

（一）**印刷机**：日本印刷机是平板印刷机（平压圆），而我们使用的是传统的珂罗版印刷机（平压平）。

（二）**胶辊和上墨**：日本的胶辊质地较硬，胶辊不上版，在墨台上用墨辊进行手工补墨。每

次印刷时手工上纸，压印辊滚动一次完成一次印刷，该版印刷结束，进行下一版套版，分色套版的方式按照绘画顺序，先黑版再彩色。我们则是通过软质地的胶辊直接在印版上进行上墨。（图八）

（三）**擦拭甘油**：便利堂在印刷前将印版在清水和含有50%甘油混合水中分别浸泡五分钟后取出印刷。而我们只在清水中浸泡，浸泡后擦拭版面，在局部需要强调的位置点涂甘油。

图八 探讨胶辊

（四）**油墨**：日本对于油墨颜色有更多样的选择，多达四十多种，而我们的印刷油墨颜色为最基本的黑、白、红、蓝、黄五种。

（五）**纸张**：我们常用的纸张是宣纸，日本则是用特制纸张，宣纸容易发生拉伸错位，不适合滚筒印刷。日本对于需要印刷的纸张要求特别严，会提前让纸张适应印刷间的温湿度，再进行试印。对于完成的印品，依次放进纸架放置保存。

新技术的运用——数码修片、输出底片

日本便利堂珂罗版在修版上基本淘汰了原有的修片方式，而是全面使用电脑修片的方法来取代，经过电脑修片后，再通过柯达专用的底片打印机打印出来。这种方法优势就是非常的高效和便利，根据画面需要随时方便调整。弊端就是无法改变数码输出时所产生的网点，失去了珂罗版最重要的特色。而传统修版技法难度非常高，对从事这项工作技师的综合能力要求也高。传统修片方法工时长，在修片过程中需要非常

图九 珂罗版探讨

89

图一〇 体验珂罗版互动

精细的操作，不能有任何的失误，完成一件作品需要修版师耗费大量的时间和心力去完成。

在了解完便利堂几个工艺制作流程后，我们同董事长兼CEO铃木先生、珂罗版研究组长山本先生进行了一次学术交流会，参加会议的还有社长室室长西村先生和此次负责同我们邮件联络的溝缘女士。在会中李峰副馆长介绍了我们珂罗版的基本情况和此行的目的，也希望与日本便利堂建立长期的学术交流与合作。同时也分享了上博珂罗版工艺的宣传片和一些珂罗版作品。便利堂各位同仁在观看了我们的宣传片后表示，之前通过邮件往来，已看到过一些上博珂罗版制作过程的照片，此次看到了上博的珂罗版作品和宣传片，有了更清晰的感受，上博也拥有非常优秀的珂罗版技艺。（图九）

会后对方邀请我们去珂罗版艺术研究所，实地体验一下改良后便携式的珂罗版工艺。我们整体观察下来，近几年开设的这个研究所将原本复杂的四道工序简化，利用简单精巧的设备制作珂罗版产品，方便体验者操作，也利于上手。（图一〇）

我们还参观了京都便利堂直营店。便利堂珂罗版产品是以明信片的形式为主，尺幅较小，也有一些尺幅稍大一些的产品，有部分采用屏风的装裱形式，是针对日本当地生活住宅特点进行设计的。便利堂直营店还售卖以古籍为装裱形式的年鉴，上面印刷了珂罗版每一阶段的作品成果。在直营店考察过后我们发现，其珂罗版产品价格普遍不高，容易让人接受。产品包装精美，装裱形式也结合现代艺术风格富有创意。

此外，利用此次赴日之机，我们还参访了东寺、名古屋市博物馆和名古屋城，同时也光顾了文博机构的礼品商店。

三、考察的收获与未来的展望

便利堂在珂罗版产品的分类上，针对不同的消费者制作不同类型和档次的产品；数码技术的运用打破了原有传统技艺陈旧方式，为我们注入了新的理念。灯光晒版设备的应用可以帮助我们更好地稳定制版工序，我们将改进并向其学习；日方油墨颜色种类丰富，为我们日后印刷应用提供了便利；珂罗版研究所体验区，打破了原有复杂的制作模式，改良了制作工序和设备，增加了互动体验的环节，贴合现代消费者的需求。在未来东馆的建设上，我们可以引用增加一些互动体验的环节，用新式的方法宣传传统工艺，成为上博最具特色的亮点。

此次赴日考察收获颇丰，短短几日给我们注入了新的能量与动力。珂罗版书画复制技艺是上博最具特色的工艺之一，从建馆一直保留至今，在2019年被列入上海市非物质文化遗产项目。作为该工艺的传承人，我们要不遗余力地拯救这属于全世界的宝贵文化遗产，创新地将传统珂罗版印刷与现代数码技术相结合，让古老的印刷术重焕风采，走进更多人的生活。

中国台湾地区书画修复用纸和传统手工造纸考察

2018年8月赴中国台湾地区交流考察　徐文娟、裔传臻、褚昊、黄瑛、沈骅

一、引言

书画修复用纸是书画文物保护修复过程中必不可少的材料，同时关系着书画装裱效果和文物寿命。由于修复纸的特殊性能要求和相对较小的需求量，一般难以在市场上选购到合适的纸张。而近年来市场上的手工纸质量也因为工艺、材料等因素的改变而有所下降。目前，缺少合适的修复纸张已成为了书画修复者所面临的共同问题。课题组此前已赴日本、韩国两地，对其传统造纸工艺和修复用纸定制状况进行了调研。日、韩两国书画修复中大幅的褙纸都是采用量身定制模式，同时日本部分博物馆能够通过自制小幅纸张，满足不同书画修补用纸的特殊需求。

此次课题组一行五人于2018年8月22-28日，赴中国台湾树火纪念纸博物馆、广兴纸寮、福隆棉纸厂、长春棉纸厂、林业试验所、台北故宫博物院等地，分别就传统手工纸工艺、书画文物修复用纸定制和应用、书画文物保护修复技术等进行了考察和交流学习。中国台湾地区书画文物以及其修复传统与大陆有着更多的相似之处，此行考察我们也是收获颇丰，尤其是在实验室造纸、修复材料定制这两方面得到了不少启发和借鉴。本文将结合此次交流考察，简单从博物馆、手工纸厂和修复材料研究定制三部分对台湾书画修复和手工造纸现状做简单的介绍。

图一　与树火纪念纸博物馆人员合影

二、树火纪念纸博物馆

　　树火纪念纸博物馆是台湾地区唯一一家以纸为主题的私人博物馆，于1995年10月正式对外开放。博物馆一共分为4层：一楼是博物馆商店、小型造纸展示工坊；二楼为特展陈列；三楼为常设陈列；四楼则是DIY造纸体验区。整个博物馆以活泼的展示设计和引导观众参观体验的教育活动为主，充分发挥出了博物馆的教育推广功能。整个博物馆面积虽不大，但展览设计别出心裁又贴近日常生活。若是仔仔细细地参观体验，也需要半天的时间。（图一）

　　二楼和三楼的展览都是围绕纸张展开的。其中二楼特展区域每年都会举办3-4个与生活中的纸息息相关的展览。我们去考察时正在展出名为"美术课里没说到的大小事"的特展，这是由联合了美术、音乐、魔术等多个领域20位艺术创作者为小学生所编写的美术课程衍生而来的特展。整个展览主要是通过一些非常有教育意义和引导性的互动式展览体验，让参观者尤其是孩子们学会观察生活中与纸张、与美有关的点点滴滴。例如，其中一个展项取材于《芥子园画谱》，通过动手将不同的元素拼出一幅水墨山水画来直观感受近大远小的原理。

　　三楼常设展厅则主要是通过图文结合以及实物展示的方式，条理清晰地陈述了造纸的发展历史、传统造纸工艺、以及台湾地区的各种纸张。让我们印象最为深刻的是展厅中间设置的几个体验纸张性能的互动小实验，通过简单的互动如显微镜观察、不同纸张的吸水吸油性等，简洁直观地向观众展示了纸张最基本也是最重要的性能特征。在洗手间附近的墙上，还特地放置了名为"擦屁屁的历史"小展项，也为博物馆展览增添了不少趣味。

　　造纸展示和DIY体验是博物馆的另一大特色。每天10点、11点、14点和15点博物馆都会有定时的造纸展示讲演，从纸张的原料、制浆到抄纸干燥，都在一楼的造纸工坊中简单又直观地展示给观众。四楼的DIY体验区则能够让观众亲自体验一把造纸的乐趣。此外，博物馆还长期与纸厂合作，致力于特殊纸张、定制纸张的研发。目前已推出不少适用于书画修复的纸张：如能够代替传统的桐油纸起到临时加固画心作用的薄纤纸、和纤纸；使用台湾地区特有的凤梨纤维所制成的凤梨纸，能够代替部分传统皮纸的作用；另外博物馆也研发了一些配合演出使用的特殊性能纸张等等。（图二）

图二 树火纪念纸博物馆造纸工坊

三、台湾地区手工纸厂

手工纸厂是此次考察的重点内容之一，我们主要考察了广兴纸寮、福隆棉纸厂和中日纸厂。由于纸张的生产制作离不开原料和干净的水源，而台湾地区南投埔里地区因水质纯净，在"日据时期"便在此建立了手工纸厂，并采用日本式的手工纸生产方法进行生产。在受到了现代机械纸生产的冲击以及其他地区手工纸出口的影响下，埔里手工纸厂的数量从30年前的46家，锐减至现在仅剩4家。

台湾地区手工纸张主要为皮纸，以雁皮纸和构皮纸为主。在生产工艺上，从原料处理到最后成纸也与安徽宣纸有较大的不同。原料方面，由于台湾当地缺少收采原料的工人，造纸原料以东南亚进口为主。纸厂会根据不同订单的要求，使用不同原料和处理工艺生产不同种类的纸张。普通书画纸的原料在处理时，直接使用氢氧化钠碱蒸煮和次氯酸盐漂白。用于修复的手工纸原料则在使用碱蒸煮后不进行漂白，直接通过人工拣选后进行打浆处理。这一处理方法不同于安徽宣纸的日晒漂白。（图三）

图三 烘纸台

图四 喷浆法抄纸

抄纸工艺环节，除了沿袭日式的生产工艺外，纸厂也随着现代化设备的改进，改良了部分造纸工序。如采用机械打浆、喷浆工艺抄纸等，以加快生产流程、降低劳动强度、提高产量。但生产特殊需求的纸张如书画修复用纸时，会根据要求调整生产工艺。目前台湾地区纸厂普遍采用滑轨吊帘法和喷浆法抄纸，因此即使是较大幅的纸张也只由一人操作完成。不同于宣纸的双人抬帘法，该方法相对于传统荡帘法较易掌握，且更为省力，一天能抄约800张，而传统荡帘法只能抄造300张左右。此外，使用喷浆法抄造的纸张也较为均匀，但纵横向差异较大。因此广兴纸寮在生产部分修复用纸时仍会使用传统荡帘法。而福隆纸厂的现代化程度更高，完全采用喷浆法进行生产。此外，台湾地区抄纸时所使用的纸药为马拉巴栗的树根粘液，而宣纸则采用野生的猕猴桃藤汁。在烘纸环节，台湾地区手工纸采用水平式不锈钢板烘纸台，其中特殊修复用纸会采用45度左右较低的温度进行干燥。（图四）

另外值得一提的是，广兴纸寮自1985年起就开始提供完整的手工造纸流程供游客参观，并且还有丰富的DIY体验项目。从原料、蒸煮、漂洗、打浆、抄纸、压榨、烘纸，整个工厂几乎是全开放式的详细展示了工厂手工纸的造纸流程，其中在纸厂的花园里就种植着几种作为造纸原料的楮树、桑树等。另外工厂还设有纸艺教室让游客体验DIY造纸，并有各类有趣的加工项目，如制作花草纸、拓印等。纸厂为了能够更好地盈利生存，除了生产书画用纸，广兴纸寮还以纸为原料开发了各类别出心裁的周边，如纸布服饰、可食用的纸饼干、手工纸文创等等，大大增加了纸寮的观赏性。

四、修复材料的研究与定制

考察最后两日，课题组赴台湾林业试验所和台北故宫博物院，分别与研究人员和修复师交流了传统手工纸的复制研发、实验室制纸、书画修复各类材料的收集定制、相关修复使用设备等等，收获满满。

林业试验所与我们文保中心的纸张研究工作有一定的相似性，有24小时恒温恒湿纸张检测实验室和用于抄纸加工的手工纸实验室，还有专门用来陈列实验室所研发的手工纸以及与纸张研究相关的小型展览。我们先就恒温恒湿实验室、纸张性能测试仪器、纤维分析观察等方面的相关问题进行了交流。随后参观了林业试验所的手工纸实验室，从蒸煮、制浆、打浆设备到各种大小不一的纸帘，实验室能够根据设计抄造出不同的纸张，这为我们部门手工纸实验室的建设提供了不少借鉴之处。林业试验所还专门针对历史上的加工纸如磁青纸、羊脑笺、黄檗纸、流沙笺等进行了研究、复制和改进，并通过将复制的纸张寄于书画家试纸来不

图五 与林业试验所人员交流手工纸分

图六 与台北故宫博物院工作人员交流书画修复材料

断的改进纸张性能。例如传统黄檗纸是使用黄檗汁进行染色，不仅染液制作复杂，且在日光照射下纸张会逐渐褪色，加之传统蜡笺纸制作工艺复杂，研究人员在多次试验后采用了现代颜料和食用蜡混合乳化剂的方式，生产出了适合书写的黄檗纸。（图五）

与台北故宫博物院修复人员的交流也主要聚焦于书画修复材料，该院书画文物修复用纸部分采用购买于大陆地区宣纸和竹纸，部分皮纸在台湾地区手工纸作坊定制，并且大胆尝试使用新的纸张进行修复，如使用凤梨纸进行覆褙等。另外，绢、绫、八宝带等各类修复材料也面临着与修复纸类似的问题，主要从日本进行绫绢的定制，并与实验室合作进行材料的老化。台北故宫博物院书画修复受日本影响，在修复方面，除了采用传统的修复方式以外，也吸收了部分日式修复方法以及修复工具和材料。(图六)

五、结语

此次赴中国台湾地区的交流考察收获满满，不仅了解了台湾地区手工纸工艺，也为建设中的手工纸实验室、东馆的相关展陈设计开阔了思路。台湾地区有关传统手工纸工艺的展示教育，以及传统工艺与现代科技艺术的结合也值得我们借鉴思考。

他山之石

——美国盖蒂文物保护研究所技术交流记

2018年9月赴美国交流考察　黄河　周浩

2016年11月，上海博物馆申报的"典型有机酸性空气污染物对馆藏青铜文物腐蚀作用规律及机理研究"获国家自然科学基金委员会批准立项。基于该课题研究，2018年9月26-30日，上海博物馆文物保护科技中心周浩、黄河2人赴美国盖蒂文物保护研究所（Getty Conservation Institute，以下简称GCI），以金属文物保护和预防性保护为主题进行了技术交流；并考察了盖蒂博物馆，为正在建设中的上博东馆积累了宝贵经验。

一、GCI技术交流

GCI成立于1985年，位于美国洛杉矶，是一家享有国际盛誉的非营利性文物保护研究机构，致力于保护世界范围内、人类共同的文化遗产。研究所现有25位科学家，从事风险评估管理、博物馆环境监控、成分与结构分析、文物劣化机理研究、金属文物保护、壁画保护、考古现场保护、古代建筑保护等领域的研究工作。GCI科学研究部主任Thomas Learner博士向我们介绍了GCI的概况，随后文物保护专家Lynn Lee研究员带领我们参观了各个实验室。

GCI的科学检测分析设备齐全而尖端，包括X射线荧光仪、傅里叶转换红外光谱仪、X射线衍射仪、拉曼光谱仪、气相色谱-质谱联用仪、

图一 开放式X射线荧光仪

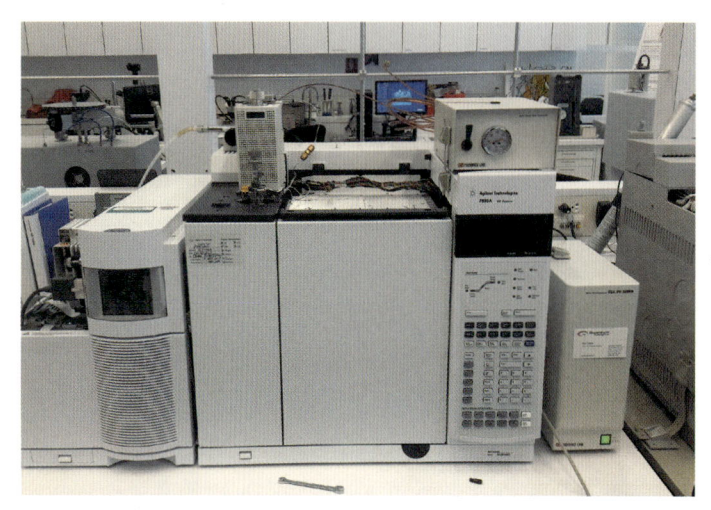

图二 运用GC-MS的漆膜老化评估技术

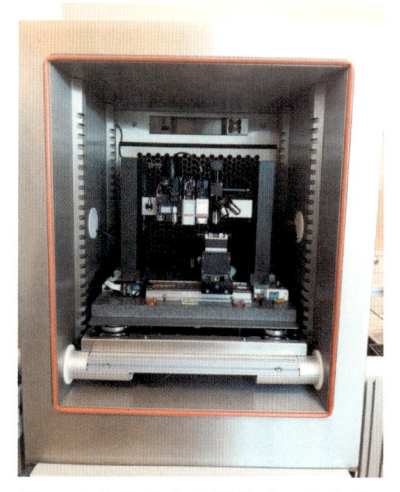

图三 安装原子力显微镜的环境老化评价仪

X射线断层扫描仪等。其中，X射线荧光仪的支架由GCI文保人员与仪器供应商依据文物的特殊需求共同研发定制，开放式的设计可以满足大型文物的成分检测分析。（图一）

在红外光谱与气相色谱—质谱联用（GC-MS）分析研究实验室，Michael Schiling研究员介绍了一种新型的漆木器表面漆层老化检测评估方法。该方法运用GC-MS技术对古代漆器表面的漆膜进行检测和定量表征，（图二）是目前国际上最先进的漆膜老化评估技术。围绕该项技术，GCI已在世界各地开展了4期专业培训班，引领了此领域的学术研究发展。

在预防性保护研究实验室，Joel Taylor博士介绍了用于文物展览和馆藏文物保存环境质量评价的各类仪器设备。其中的一台环境老化评价仪又是由仪器商研发定制，在舱体中加装了原子力显微镜，（图三）在进行环境老化模拟实验时，可以直接用显微镜观察样品的微观形貌变化，解决了老化实验与微观观察一体化的难题。

在了解仪器设备与研究实验时，在与研究人员技术交流时，在陈列着琳琅满目的实验材料、科研成果与应用案例的走廊上穿行时，我们无时无刻不感受到GCI引领、钻研的学术精神。在员工走道上，我们还发现了一面印满手印的墙。（图四）经询问，这是1997年盖蒂博

图四 "手印墙"与机构文化

98

物馆和GCI搬迁到圣塔莫尼卡山脚的现址并成立盖蒂中心后，当时的所有员工留下的手印纪念。长长的手印墙，带给员工温暖的回忆与强烈的归属感，渗透出另一种类型的机构文化。

在参观学习之余，受GCI的邀请，我作了题为"上海博物馆文物保护研究工作最新进展"的专题报告，（图五）详细介绍了上博文物保护科技中心多年来的科学研究工作和最新技术进展，分享了多个文物保护应用研究典型案例，获得了盖蒂中心研究人员的好评，达到了互通有无的良好效果。

图五 "上海博物馆文物保护研究工作最新进展"专题报告

二、盖蒂博物馆调研

盖蒂博物馆由商人、收藏家、慈善家J. Paul Getty于1954年建立，以14世纪早期至19世纪末期的油画、服饰、雕刻、玻璃器皿等闻名于世。盖蒂博物馆新馆由世界一流建筑师理查德·迈耶（Richard Meier）设计，1997年建成开放。简洁的线条，明快的色调，自然的采光，室内天井与室外花园浑然一体，开放的空间集具细腻与粗犷的和谐美感。（图六）从预防性保护与博物馆设计的角度出发，我们对盖蒂博物馆进行了认真考察，以求为建设中的上博东馆提供有益借鉴。

盖蒂博物馆展厅的照明设计注重人工照明与自然采光的结合，既达到文物展示的"还原"效果，又满足文物的"保护"要求，也为观众提供"舒适"的参观体验，实现了三者的有机结合。自然光被引入到盖蒂博

图六 作者于盖蒂博物馆外合影

物馆的油画和雕塑展厅，（图七）以还原作品的本真色彩，并避免了观众长时间在暗环境中观展所易产生的视觉疲劳。为防止过强的阳光直射对文物的破坏作用，在玻璃上镀了防紫外膜，并在展厅顶部安装了可调节的格栅，以控制自然光的入射角度与强度。为避免阴雨天室内照度不足的情况，展厅内采用人工照明进行补光，光源的选择上以LED逐步取代了传统的卤素灯。与卤素灯相较，LED光源具有绿色节能、发热量少、寿命长、光谱可调等优势，且在高速更新换代的过程中逐渐改善了显色性差、蓝光部分能量高等不足，已经成为当今及未来博物馆照明的大势所趋，建议在保证文物安全的前提下，在上博东馆中进行应用。

在展示纺织品、纸张等对光较为敏感文物的展厅中，盖蒂博物馆采取了人工光加低照度控制的照明方式。在采用5面玻璃展柜、调节照明角度防止眩光的设计后，使用柜外照明，有效解决了柜内照明不易散热而引起温湿度波动的问题。（图八）

盖蒂博物馆所有的展厅大门都是双层防护玻璃门结构，（图九）这样可以有效建立室内外空气交换的缓冲区域，避免展厅中温湿度的大幅波动，使珍贵易损文物在适宜环境中展

图七 人工照明与自然采光的结合

图八 柜外照明的应用

图九 展厅双层防护玻璃门

出。通过这样的简单设计，展厅中温湿度可保持相对稳定，空调系统调温控湿的启动次数会大大减少，节约了能源的消耗，符合目前所倡导的绿色博物馆发展理念。

盖蒂博物馆在建筑内外进行了精心的设计，保证了观众休闲的舒适体验。在室外，将小型水景与自然风的石质外立面相结合，相映成趣，怡然自得。（图一〇）在室内，公共区域如通往洗手间的走道上也依然进行文物陈列，与窗外的山景相得益彰，令人身心愉悦。（图一一）

盖蒂博物馆还专辟一间展室，对建馆人J. Paul Getty的生平、盖蒂中心的由来、博物馆历年珍藏、盖蒂别墅分馆（Getty Villa）等进行专门介绍。（图一二）勿忘历史，继往开来，传承着博物馆精神的馆史陈列也应该在上博东馆中有一席之地。

图一〇 室外休闲水景

图一一 室内公共区域

图一二 馆史陈列

三、三个层次的收获

通过在GCI的技术交流，我们学习了文物保护领域的最新发展动态和技术，分享了上博文物保护学术研究的最新成果，了解了博物馆设计及预防性保护的应用实例，收获了三个层次的宝贵经验。

首先是学习借鉴的层面。GCI立足于文物的实际需求，与仪器厂商共同定制研发或改装了一批设备，应用于文物科技检测和保护研究的各个领域。产、学、研的协同作用，最终都实实在在地实现了应用，提升了学术研究的效率和质量。另外，科研人员自身焕发出的专业、专注和

钻研精神，与单位营造出的温馨、开放、向上的工作环境，构建了盖蒂卓越的机构文化。机构文化的建设，保障靠机制，核心靠团队，成功靠细节，令人过目不忘。

其次是研判大势的层面。GCI不愧为世界一流的文物保护研究机构，它的优势在于其核心竞争力和国际化视野。上博文保中心的发展，也应该重点聚焦在这两个方面，不求大而全，而要专而精，在保持馆藏文物保存环境重点科研基地、《文物保护与考古科学》期刊、热释光测年等领域领先地位的同时，大力提升无损检测分析（特别是X-CT、高光谱分析）等领域的核心竞争力，并注重拓展和深化与世界顶级文保机构的合作交流。另外，通过近年来对多家西方博物馆包括这次对盖蒂博物馆的考察，博物馆照明设计中人工照明与自然采光的结合、LED照明逐步替代卤素灯照明等国际性趋势已逐渐清晰。在满足文物安全和风险管理的前提下，这些尝试都可以应用到上博东馆的建设之中。

最后是构建体系的层面。通过学习交流，我们深刻认识到文物保护是一门综合性的应用科学，在保护技术的应用中需要考虑实际保护需求和文物展示艺术效果的平衡，预防性保护工作也应纳入博物馆风险管理的大体系之中。因此，文物保护从业人员需要适应时代的发展趋势，不断自我学习更新认知，强化抢救性保护与预防性保护并重的理念，从源头规划设计文物风险防控与预警体系，同时保障提升博物馆的教育传播功能与保护研究功能。文保中心已经提交了《上海博物馆东馆文物预防性保护设计技术要求建议》，在今后也将继续加强与工程、信息、安保、物业等职能部门的联动，共同助力东馆建设。

通过为期5天的短暂交流学习，我们拓宽了视野，增长了见识，也聆听了国外同行对我馆文物保护科研工作的有益建议。这样的专题技术交流，有助于了解国际最新研究动态，同样也使国外博物馆同仁了解上海博物馆的最新发展。回到上海后，我收到了由盖蒂研究人员负责的国际博物馆协会藏品保护专委会（ICOM-CC）刊物的约稿，介绍由上博文保中心承担的上海市科委课题《上海青龙镇遗址出土文物安全保护关键技术研究与应用》的最新研究成果，已在2019年第一期通讯上发表。（图一三）本次技术交流活动达到了预期目的，取得了令人满意的效果，为双方日后的进一步交流合作奠定了良好的基础。

图一三 在ICOM-CC Newsletter上发表工作简报

关于英国博物馆文创产业学习的思考与借鉴

2018年10月赴英国学习培训　赵铭岚

2018年10月21日至11月10日，我有幸参加了由原上海市文广影视局主办的"2018年促进文化创意产品产业发展高级研修班"，赴英国曼彻斯特和伦敦两地，进行相关课程的学习和培训。在为期21天的培训里，我们从理论上了解了作为经济发展政策的文化创意产业是指什么？英国的创意经济政策包含哪些内容？曼彻斯特是如何从一个"工业之城"向"创意之都"进行转型，以

图一 曼彻斯特商学院集体照

及伦敦相关文化机构的基本情况、文创产业发展等相关内容。同时，还实地参观学习了曼彻斯特博物馆、艺术馆、中央图书馆；大英博物馆、泰特现代美术馆、伦敦巴比肯艺术中心等场馆，以及他们的运营管理、资金运作、教育服务、文创开发等相关内容。（图一）通过课堂教学和现场参观学习相结合的培训方式，使我们对英国的文化创意产业发展现状有了一定的了解，也为自己从事的文创工作提供了相关的思路和借鉴。

一、英国文化底蕴深厚、文化机构健全、公众参与度高

英国是工业革命的发源地，也是具有世界影响力的文化大国。英国是世界上第一个提出"创意产业"定义的国家，也是世界上博物馆、美术馆、图书馆、艺术中心最多的国家之一。英国拥有超过2400家博物馆，其中包括18家国家博物馆、200家以上的公共博物馆、300家大学博物

馆、800家以上的地区性的博物馆以及1100家以上的独立博物馆。整个英国博物馆每年有超过8000万人次的访客。我们这次培训中参观了世界四大博物馆之一的大英博物馆、以设计收藏出名的维多利亚与阿尔伯特博物馆（V&A），以及泰特现代美术馆、科学与工业博物馆、曼彻斯特博物馆、曼彻斯特中央图书馆、BBC传媒城等文化产业机构。每到之处给我印象最为深刻的就是参观

图二 曼彻斯特中央图书馆参观

者众多且秩序井然，市民都沉浸在文化和艺术的享受中。在我们参观曼彻斯特中央图书馆时，中心阅览室是图书馆内最大的一个自助阅览室，可以同时容纳近千名读者，每个书桌上都配有一盏台灯和可供上网的WiFi。我们是下午二点左右到达图书馆的，进入阅览室时基本已坐满八九成读者，大家都在认真地阅读和上网，没有一点杂声。（图二）为此，带领我们参观的讲解员还特意要求我们以最快捷、最安静的参观方式通过预览室，以免影响读者。

在曼彻斯特时，我们有幸在校方的安排下参观了布里奇沃特音乐厅，并在那里聆听了由"百年老店"——英国曼彻斯特哈雷管弦乐团演奏的古典音乐会。演出当天，虽然天公不作美，阴雨寒冷，但晚上整个音乐大厅灯火辉煌，观众都盛装出席音乐会，其中很多都是老年观众。到伦敦后，在团员的帮助下，我们自费购票观看了著名的音乐剧《悲惨世界》，演出当日座无虚席，演出期间场内无人员走动、没有手机声响和亮光闪烁，每个章节结束，观众都会给予热烈的掌声，台上的演员歌声嘹亮动听，演技超群，整台音乐剧伴随着情节的起伏，扣动人心。

以上的几个事例一方面体现出英国民众具有较高的文化素养和艺术欣赏力，另一方面和英国文化机构对老百姓的福利支持也是分不开的。在现场授课时，我们曾询问过布里奇沃特音乐厅的工作人员，音乐会的票价是多少？得到的回答是老年人和儿童都有优惠票价，基本是每张票3-5英镑。这个定价对于我们中国听众来说也很合理。英国各文化艺术机构策划了许多符合大众需求的的展览和演出，加上合理的文化消费，为英国大众踏入文化场所去感受历史文明和璀璨艺术提供了方便，长此以往的良性循环，英国民众的文化修养程度也不断得以提升，文化氛围就自然形成了。

英国还有一个很有趣的现象就是那些免费对公众开放的博物馆，虽然不收取门票，但在入口处、各展馆门口和免费参观简介领取处都会设有捐款箱。我在参观时发现很多英国观众都会自觉

捐款，款项会作为博物馆日常运作的经费之一。虽然这笔捐款经费可能不会占博物馆运营资金来源的很大比例，但至少可以看到英国大众对博物馆、美术馆这类公益机构是非常支持的。

二、英国博物馆公众意识强，服务更趋人性化

  英国是世界上第一家公立博物馆的诞生地，也是博物馆众多的国家之一。从综合性的大英博物馆、V&A到小而精的福尔摩斯博物馆，但都体现了强烈的公众意识。首先，英国的大部分博物馆是允许观众在不开闪光灯的前提下拍照的。其次，大英和V&A的陈列室展柜里展品陈列密密麻麻，不像我们国内是错落有致的，有时整个精品柜只放一件展品。询问工作人员得到的解释是，因为展品多，陈列地方有限，所以为了最大限度地将藏品免费展示给公众，他们采用的就是这种密集型层叠的展示方法。在V&A的丝织品陈列室，很多织品都是夹板夹好后放在抽屉里，或挂在墙壁上，可供观众自行抽取查看。这样也最大限度地利用空间将展品展示给观众。在福尔摩斯博物馆，虽然旧居就是一幢小洋房，地方较小，但馆方尽可能地将小说中福尔摩斯的工作、生活、探案等场景展示给观众，就连原先的阁楼储物柜、卫生间、关押嫌疑人的小房间也无一遗漏。这种全方位、全开放的展示理念更好地体现了博物馆强烈的公众意识。

  在参观完上述两地多家博物馆后，人性化服务的理念也深入我心。这种人性化服务主要体现在两个方面：一是设备设施的人性化，还有一个就是人文关怀，使博物馆文化深入大众。在参观大英博物馆时，我发现馆内只要是存在有台阶的地方，都会有无障碍扶梯。不管是残疾人还是婴儿手推车，上下台阶都非常便利。还有每一家博物馆无论设施新旧，但都会在卫生间设置母婴室和无障碍卫生间。除此之外，每个博物馆的自动导览、休息区、免费WiFi、衣帽间、储物柜等也是一应俱全，尽显人性化。这种进一步提高公众对博物馆满意度的做法，也使得博物馆在公众生活中发挥更大的作用。在参观V&A时，展品旁除了配有详细的说明牌外，还会有一块白色的布满小圈圈的牌子，工作人员说，这是专门供盲人使用的盲文说明牌。同时，在有些展馆还会在展品旁放上一些相关的复制品，旁边特别注明"请触摸"几个字，这种让观众近距离观看文物，体验触摸仿制品的展示方法也进一步提高了参观者对展品了解的兴趣。更为人性化的服务还有博物馆针对特殊人群的特殊展览和教育。例如：V&A教育部的工作人员在给我们介绍教育服务时就说到，他们会将一些展览做成电子材料，带到儿童医院，方便那些不能来博物馆参观的重症儿童观展。同时，由于这些病房有隔离要求，所以不方便带纸质类材料进去。他们就带上IPAD等电子设备供那些生病的儿童看展览、学画画、学艺术，拉近他们和博物馆的距离。还有博物馆时常会把一些文物的复制品带去盲童学校和自闭症儿童触摸，让这些特殊的群体用心去感受世界悠久的历史文明。这种关爱特殊群体，人性化的真情服务，值得我们每个博物馆人学习。

三、英国博物馆注重对社区、家庭、未成年人的文化培养

英国的博物馆对公众社区的需求非常重视。例如：在曼彻斯特人民历史博物馆参观时，有一个展览是关于英国女权主义的。据讲解员讲解这个展览设计的初衷就是当地社区居民近期对女权运动、女权主义的思想比较关注。所以博物馆就与社区居民共同策划了这个展览。展览中的很多展品都来源于居民日常生活中。例如有一组展品是集中展示很多双不同年龄、不同款式的女士高跟鞋，每一双鞋子都来源与社区居民。博物馆还经常在双休日进社区开设展览和做宣传，鼓励更多的参观者踏入博物馆，融入到博物馆的各项活动中。家庭也是英国文化机构所关注的焦点之一。博物馆、美术馆经常会组织家庭型活动，邀请市民以家庭的形式共同参与。有些售票性质的博物馆、音乐厅等还会推出家庭套票，鼓励父母带着孩子共同参与活动。家庭套票票价往往会比两个成人购票更优惠。说到文化的熏陶和培养，我觉得英国最注重的是对未成年人和婴幼儿的文化培养。在我们这次实地走访的各家博物馆、美术馆里，每次都会看到有不同年龄的学生群体、甚至是嗷嗷待哺的婴幼儿在馆内开展相关活动。（图三）在大英博物馆随处可见各种穿着统一校服的小学生在老师的带领下聆听讲解，在V&A则看到很多青年学生在各个陈列室里素描写生。在曼彻斯特艺术馆看到很多幼儿园的小朋友在老师和工作人员的陪伴下做手工，而在曼彻斯特大学的威特沃斯美术馆内，则是一群牙牙学语的幼儿在母亲们的陪伴下自由爬行。我相信他们对美术馆的艺术还不具备一定的领悟能力，但这是一种艺术氛围、艺术情感的培养。在仔细观察了大多数的博物馆后，我发现每个馆都会为未成年人提供活动的场所，安排一些符合不同年龄层次学生的活动，让他们在活动中学习和领悟艺术的价值。（图四）

图三 V&A与学校互动项目

图四 曼彻斯特艺术博物馆亲少年教育

四、英国博物馆文创服务形式多样，文创产品独具特色

英国的文创产业涉及行业非常广泛，文创服务也包罗万象。在课堂上老师就给我们解释了博物馆文创不应只包含餐饮和商店。博物馆的教育服务、培训参观等也是文创的一部分。在英国所有的博物馆、美术馆、学校都可以承担参观、教育培训服务，且都是明码标价收费的，收入归于文创部门，用于博物馆的日后运营。例如我们这次参观的每家博物馆、艺术馆、图书馆、音乐厅等都会有专人负责接待，按照我们的要求提供不同部门、不同领域的接待人员进行讲解和参观。每个场馆都设有接待会议室，配备相关内容的PPT文稿演示，随后设有提问环节。同样，现场参观也能挑选不同级别的接待者和讲解时间、讲解内容等。他们已经形成了一套完整的培训体系，你只要根据自己的需求菜单式的勾选就可以了，当然需求不同，收费也是不同的。这部分收入最终还是归入文创领域的。同样，教育部门组织的各项面对公众的教育活动，所得到的收入也统一划入文创。

在英国，博物馆餐厅、咖啡吧和文创商店是每家博物馆所必有的。因为英国的博物馆只有大英博物馆是国家拨款的，其余博物馆都需要靠基金会、企业赞助、捐款、独立营收等来维持日常的运营经费。博物馆的餐饮消费和文创产品的销售收入是营收必不可少的。在各大博物馆商店驻足时，我发现英国人对博物馆文创产品的消费能力是非常强的，他们相信博物馆的品牌，认为博物馆的文创产品就是一种艺术品，他们已将博物馆商店视为博物馆的最重要的组成部分。（图五）据目前查到的资料显示，截至2015年大英博物馆艺术衍生品营业收入已高达年均2亿美元。创新、创意、规模、品牌的文创产品开发经营模式，已使英国博物馆文创产品在文化消费市场中

图五 V&A商店　　　　　　　　　　图六 大英博物馆商店

越发受宠。在英国，各博物馆文创产品的开发往往与各馆的特点和定位相结合。（图六）例如：大英博物馆拥有4个固定商店，每个商店商品都各有特色，互不相同。商店内的文创产品品种丰富，很多产品是将"馆藏珍品"进行了"衣食住行"一条龙式的系统开发，比如罗塞塔石碑系列；有的则是将其他流行元素的IP与博物馆IP元素进行结合，比如小黄鸭系列；还有部分是从世界各大博物馆采购一些最具当地特色的文创产品在自己商店销售。（图七）大英博物馆在文创产品创意、设计、生产、销售、售后等方面都已形成完整的产业链，文创产品的销售收入已占博物馆收入的很大比例。

图七 大英博物馆商店内出售的上博文创产品

五、思考与借鉴

1. 理顺机制体制，加快博物馆文创产业的发展

在国外，很多博物馆在资金来源方面都是非国家拨款，所以相关的管理体制也较为自由，不存在过多的政策监管。然而在国内的各大博物馆，特别是一类博物馆，国家在文创资金的使用、文创人员的收入分配等相关政策上管控是非常严格的。主要表现在以下几个方面：用财政资金开发文创产品的合法性得不到承认；销售收入与经营状况与个人收入不挂钩，难以调动员工的积极性；许多中小博物馆内的商店（俗称"小卖部"）没有取得营业执照，不能名正言顺地经营，目前已基本关闭。以上种种机制体制上的束缚已阻碍了文创事业前进的脚步，希望国家相关机构能尽快出台各类扶持文创的政策。同时，这类政策还要各部委一盘棋，统筹兼顾，为文创产业的发展策马加鞭。

2. 关于文创产品开发的思考

目前国内的各大博物馆对文创产品的开发已经非常重视，各大馆也都有自己的主创产品。通过这次考察学习，我觉得还有以下几方面可以借鉴：（1）要选取一些具有代表性的重点文物、明星藏品、镇馆之宝进行系列化产品的开发。例如上博的大克鼎，除了要做文物原件的复制品外，还应该开发成系列化的文创衍生产品。此次上博与迪士尼合作开发的"当大克鼎遇上米奇"系列文创产品就非常受欢迎。（2）可以选取具有本国、本地特色的IP与本馆馆藏IP相结合，开

图八 泰特美术馆商店

发出大众喜闻乐见的产品。例如：大英博物馆利用伦敦的双层巴士、红色邮筒、卫兵等形象与馆藏资源相结合开发的文创产品也非常受欢迎。在这一点上，我觉得我们上博还有很多实力可挖。我们可以结合上海的海派风格、万国建筑、风土人情等，开发更多具有上海本地特色的文创产品。（3）做好大展、特展相关文创产品的开发、宣传、销售工作。在特展期间，配合展览开发的文创产品也是销售的热点。例如2017年上博的"百物展"就创下了102天1700万元文创产品销售额的特展记录。（4）要大力加快儿童产品的开发，包括儿童绘本和儿童用品、文具等。在英国的各大博物馆商店参观时，每个店都有独立的儿童专区。采用鲜艳的颜色加以装饰，配以儿童专用低矮的橱柜，有些还提供了专用学习体验区。据曾在泰特美术馆主管文创的老师介绍，他们曾对顾客的购物篮进行调查，发现基本每个篮子里都会有儿童产品。所以他们从十年前就开始出版儿童读物，到目前已有超过100本儿童绘本。（图八）这一方面体现了博物馆对未成年人的关注，另一方面也培养了更多年轻的绘本师及带动了周边产品的创作。

3. 建议博物馆要加强对相关人才的培养

这里所指的人才包含两方面的含义：一是指博物馆自有人才的培养。通常包括博物馆里的专业型人才和管理型人才。专业研究人员是一个博物馆在学术界立足的根本之源，而管理人员则是博物馆运行的守护者。另一方面的人才则是指与博物馆有相关业务联系但非博物馆的在职人员。（图九）例如：博物馆可以每年为中小学校的历史、美术老师等提供培训，通过他们把博物馆带到课堂。还可以为在校的大学生提供相关艺术类的美学培训、为他们搭建设计合作平台、开办设计大奖赛等，鼓励更多的年轻设计师投入到展览设计和文创设计等，对于设计的成品提供相关的展示和销售平台。还可以与相关的大中院校合作办学，委托培养博物馆的基础管理人员。让他们在学习时就有机会走进博物馆实习，了解博物馆，喜爱上这份工作。希望通过以上办法，可以为博物馆的后续发展储备更多相关人才，促进文博事业的发展。

图九 在曼彻斯特商学院听课

英伦寻"金"

2018年10月赴英国考察　胡嘉麟　吴悠　李孔融

　　2018年10月28日至11月16日，由青铜部胡嘉麟、李孔融和文化交流办公室吴悠组成的团队赴英国11家博物馆进行中国夏商周青铜器的整理与研究工作。在2017年度国家社科基金青年项目的资助下，三位年轻人以上海博物馆雄厚的研究基础和交流平台为依托，顺利完成了所有学术任务。在为期20天的考察中，共研究提看青铜器138件，制作拓片40张，同时收获了大量珍贵的一手资料。在考察过程中，我们还向英国学术界展示了古老的拓片制作技艺，为英国公众举办上海博物馆青铜器收藏讲座，将"中国故事"带到英伦，也为日后更深入的学术合作、馆际合作打下基础。（图一）

　　英国是中国古代青铜器的主要流散地之一。由于缺乏专业人员，鲜有公开资料和正式出版物，使国内学界对这一部分收藏的情况知之甚少，学术研究长期停留在空白阶段。在青铜部副研究馆员胡嘉麟的牵头下，"英国藏中国夏商周青铜器整理与研究"项目得到立项。经过一年多的联络和筹备，包括大英博物馆、维多利亚与阿尔伯特博物馆、爱丁堡苏格兰国家博物馆、格拉斯哥巴勒珍藏馆、阿伯丁大学马歇尔博物馆、剑桥大学菲茨威廉博物馆、牛津大学阿什莫林博物馆、康普顿维尼艺术博物馆、巴斯东亚艺术博物馆、布里斯托尔博物馆、杜伦大学远东艺术博物馆在

图一　团队合影

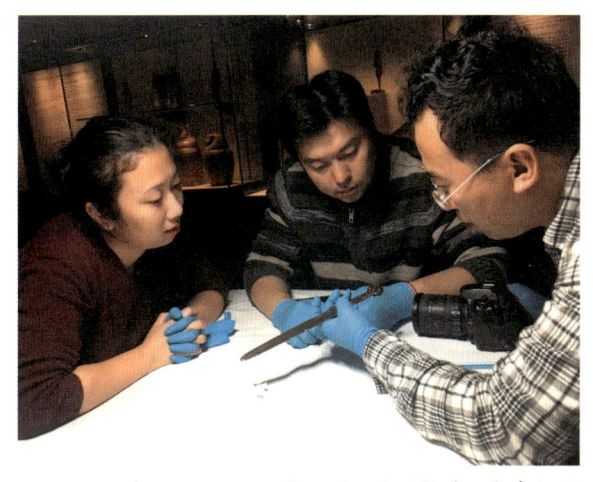

图二　团队共同提看研究青铜器

内的11家机构确认参与该项目,其中一些博物馆此前从未和上海博物馆有过正式联系和合作。在出访过程中,这些英国博物馆给予团队热情的欢迎和全力的支持。(图二)

我们首先到访苏格兰地区,对三家博物馆的青铜器收藏进行了研究。位于爱丁堡的苏格兰国家博物馆(National Museum of Scotland)是一家百科全书式的综合性博物馆,当时该馆的中国展厅正在改造,所以我们来到了位于郊区的藏品研究中心,提看青铜器并制作拓片。(图三)第二天,团队奔赴苏格兰最北面的阿伯丁,与阿伯丁大学马歇尔博物馆(Marischal Museum of University of Aberdeen)负责人见面。该馆没有专职研究中国藏品的研究员,却有一批质量上乘的中国文物,因此在听闻上海博物馆的英国研究项目后,主动邀请团队来阿伯丁。负责人不仅拿出了青铜器藏品,还打开库房,热情地介绍该馆的中国收藏。在该馆,团队也制作了部分拓片。(图四)

苏格兰地区的最后一站是格拉斯哥的巴勒珍藏馆(The Burrell Collection)。该馆为亚洲艺术专题馆,主要收藏来自格拉斯哥本地企业家威廉·巴勒爵士捐赠的八千余件藏品。当时该馆正在闭馆改造,新馆计划于2020年正式开馆。在研究员钟女士的安排下,团队在位于市郊的格拉斯哥博物馆藏品中心工作了两天时间。该馆的青铜器藏量(不计入兵器车马器)有一百八十余件,在苏格兰地区位居第一,在整个英国也相当丰富。原先只安排提看研究20件,但随着研究的深入,我们发现该馆的青铜器质量很高且大多有铭文。在巴勒珍藏馆的支持下,越来越多的青铜器被毫无保留地摆放出来,足见该馆对项目的全力支持。(图五)

值得一提的是,巴勒珍藏馆与上海博物馆

图三 团队在苏格兰国家博物馆藏品研究中心工作

图四 团队在阿伯丁大学马歇尔博物馆工作

图五 巴勒珍藏馆提供给团队研究的青铜器

此前并无正式交流。在项目前期准备时，我们向巴勒珍藏馆馆长詹姆斯·罗宾逊先生致信介绍项目，并附上上博图录，试图让馆长了解上海博物馆的诚意与研究实力。此次到访格拉斯哥也堪称一次"破冰之旅"，格拉斯哥大学亚洲学院的教授和孔子学院院长闻询都赶到工作现场，希望一睹中国的拓片制作技艺。青年拓片师李孔融向他们讲解了拓片的重要意义并亲自演示制作过程，收获了苏格兰专家们的赞誉。此前巴勒珍藏馆一直邀请一位当地拓片师制作拓片，但他使用的西方技术在中国文物上遭遇了许多瓶颈。通过与团队的交流，这位苏格兰地区唯一的亚洲文物拓片制作师了解到自己的问题，他表示自己以后会更好地为中国文化在苏格兰的传播而努力，这也是此次学术访问的目标所在。（图六）

在完成青铜器的学术研究任务后，团队受邀在河滨博物馆（Riverside Museum）举办了一次面向当地公众的小型讲座。项目负责人胡嘉麟以"上海博物馆的青铜器收藏"为题，介绍了上博的青铜器收藏史、重要藏品和一些鉴赏方面的常识。讲座观众有当地普通观众，也有正在学习中国文化的学生，还有从瑞士等地赶来的专业人员。从苏格兰观众津津有味的认真神情中，我们看到了中国文化对他们的强大吸引力，也清楚意识到主动走出去向外国民众讲述"中国故事"的重要性。巴勒珍藏馆的罗宾逊馆长也全程参与讲座，向年轻的上博团队表达了感谢，并表示正在策划2020年秋季的开幕展览，届时会邀请上博参与。（图七）

圆满结束苏格兰的工作任务后，团队马不停蹄来到英格兰北部的小城杜伦。这座城市虽小，却因为杜伦大学而闻名于世。该校的远东艺术博物馆藏有几件不错的商周青铜器。由于时间紧凑，团队只有周六有时间停留在杜伦。在前期联系时，抱着试试看的心态，我们询问馆方能否在周六安排提看，没想到获得了同意，还特地从展厅撤下了要提看的展品，足见该馆对上海博物馆的重视。在现场我们发现该馆的几件青铜器颜色有异，据研究人员介绍，这几件藏品入藏后由英国本地的修复师按照西方技术进行修复，被完全去锈、反复上蜡，破坏了原本的铜锈，这对于青

图六 团队在格拉斯哥巴勒珍藏馆库房工作

图七 上博团队在格拉斯哥进行公众讲座

铜器研究而言是很大的损失。随着学术交流的深入，馆方也意识到了这个问题，不再允许修复师进行过多操作。我们也就这个问题与馆方的研究人员交换了意见，讲解一些青铜器修复方面的知识，希望流散海外的中国文物能够受到更妥善的对待。（图八）

在随后的一周，团队以伦敦为中心，对

图八 团队在杜伦大学远东艺术博物馆工作

5家博物馆进行学术访问。首先是著名的大英博物馆（The British Museum）。大英博物馆的青铜器藏量甚巨，但该馆的线上资源已十分成熟，工作人员花费许多年的心血将所有藏品输入系统，提供公开查询。通过这个系统，我们挑选了一些公开较少的藏品提看研究，并与负责的研究员探讨了项目成果的共享方式。第二天，团队来到维多利亚与阿尔伯特博物馆(Victoria & Albert Museum)的库房。该馆的库房正在准备搬迁，许多文物正在紧急打包。因此该馆研究员推掉了不少接待工作，却依然为上博团队留出了一整天的时间，并无私地开放库房，让我们自己挑选想要提看的藏品，同时也表达了对加强合作的热切期待。（图九、图一〇）

此次参加项目的机构中还有著名的牛津大学阿什莫林博物馆和剑桥大学菲兹威廉博物馆。这两家大学博物馆不仅历史悠久，藏品质量也相当卓著。在阿什莫林博物馆，团队受到

图九 团队在大英博物馆亚洲部研究室工作

图一〇 团队在维多利亚与阿尔伯特博物馆库房工作

了马熙乐研究员（Shelagh Vainker）的热烈欢迎。马熙乐女士对中国文物有很深入的研究，并经常受邀到各地讲课、访学，日常工作相当忙碌，在团队抵达的前一天，她刚刚参加完加拿大的学术会议。她对上博年轻学者的勇气与努力深感钦佩，在百忙之余陪同我们提看文物，探讨合作方式，提供了许多新的思路，还为团队导览了青铜展厅。当晚，马熙乐女士还邀请团队参加柯玫瑰女士针对博物馆会员的主题演讲。（图一一）在剑桥大学菲兹威廉博物馆，团队也得到特别优待——该馆由于人手不足，每天都有展厅临时性关闭。到访当日，正

图一一 团队在牛津大学阿什莫林博物馆工作

好轮到中国展厅闭馆。菲兹威廉博物馆的工作人员不仅提前取出展柜内的青铜器，放在库房供提看研究，还打开展厅特许我们入内参观、拍摄。（图一二）

需要指出的是，菲兹威廉博物馆原本提供给团队制作拓片的机会，但最后阶段表示婉拒。到访后，我们发现提看的青铜器铭文上有明显的墨迹残留，经调查发现是之前某位中国学者在该馆为研究目的制作拓片时因技术不精而留下的，该馆因为害怕此类事件再次发生，现在已不允许任

图一二 团队在剑桥大学菲兹威廉博物馆工作

图一三 留有明显拓片墨迹的铭文

115

图一四 位于乡间的博物馆

图一五 近几年完成改建的青铜展厅

图一六 团队在康普顿维尼艺术博物馆工作

何拓片操作。这为在海外进行研究的中国学者敲响了警钟。虽然从事学术研究时，学者只是一个个人或一个团队，但在外方眼中都是中国学者的代表，所以一言一行都需要专业、谨慎，要为长期的合作与交流考虑，而不是惟一人一时之成果。（图一三）

我们在伦敦的最后一站是康普顿维尼艺术博物馆（Compton Verney Art Gallery and Park）。这家距伦敦一百多公里的博物馆前身是一座始建于1150年的贵族庄园，被列为英国国家级保护建筑。（图一四）之后由英国博彩业巨头彼得·莫瑞斯爵士（Sir Peter Moores）买下作为博物馆。为了筹建博物馆，莫瑞斯爵士在著名青铜研究学者罗森夫人的协助下，购买了一批举世罕见的精美青铜器作为馆藏。由于该馆位置偏僻、极少宣传、没有专职研究人员，因此了解这批收藏的人并不多。在前期的联系中，这家博物馆是项目重点。该馆的负责人也十分希望借上海博物馆的学术力量，好好整理和研究这批馆藏。该馆提供了两个时间，愿意打开所有展柜，供我们提看、拍摄、制作拓片。遗憾的是，团队行程紧张，无法配合上这两个时间，所以只能日后寻找机会。（图一五）

该馆负责中国青铜器的摩根·琼斯先生陪同团队整整一天，并整理了已有的拓片资料，还仔细讲解了该馆的展陈理念，与团队共同探讨铭文、纹饰等问题。当天，琼斯先生还引荐了前来做X光检测项目的牛津大学团队，他们正在通过科学分析方式进行青铜器铸造和断代方面的研究。该馆青铜器无论器型、纹饰都很不多见，亦有在清宫收藏中著录的精品。这样精美的收藏应该让更多人尤其是中国学者了解。在现场我们还遇到了学习青铜器的当地小学生，他们在博物馆工作人员的讲解下学习青铜器知识，并能准确辨认出不同青铜器的名称和功能。中国传统文化在英国的传播令人欣喜。（图一六）

结束伦敦的行程后，团队赶赴位于英格兰西南的小城巴斯。巴斯整个城市位列世界文化遗产，城内遍布十余家博物馆。其中有一家东亚艺术博物馆，由出生于香港的英国人布莱恩·麦克艾尼（Brian McElney）创建。该馆位于巴斯市中心一座乔治王时代的老建筑里，虽小却藏量丰富。该馆馆长蒋得庄女士对团队到访相当热情，拿出了所有馆藏青铜器供提看、制作拓片，并交流了许多关于馆藏历史、公众开放方面的情况。原先该馆认为馆藏中只有一件有铭文，经团队仔细查看，发现好几件器物的圈足、内壁中也藏有铭文。这再次说明了提看实物、现场研究的重要性。（图一七）

图一七 团队在巴斯东亚艺术博物馆工作

整个英国行程的最后一站是布里斯托尔博物馆。一大早，团队乘坐长途车从巴斯前往布里斯托尔。该馆是一座古老的综合类博物馆，设有专门的中国艺术展厅。负责人不仅给我们提看实物，还无私地提供了该馆所有青铜器的高清图片。此外，团队还前往该馆库房，与研究人员一起查看了重要的兵器收藏，有很大收获。至此，所有的学术任务顺利完成。（图一八）

图一八 团队在布里斯托尔博物馆工作

对于我们三个年轻人而言，此次英国之行，收获的不仅有重要的学术资料，也有自身对英国博物馆的深入了解以及英国博物馆对上博收藏、学术实力的了解，更是以主动的姿态，向英国同行、英国观众传播中国青铜器的美，同时让流散在外的国宝通过学术研究的方式重新进入国人的视野。同时，我们也意识到这项工作的艰巨，面临的主要问题有：

第一，不同博物馆有不同的管理流程和对合作的不同期待，有一些相当热情、配合，有一些则坚持自己的想法和要求，这对我们年轻人的交流能力、应变能力是一种磨炼。在出访前一年里，团队花费许多时间与馆方进行沟通，介绍项目、设定计划，甚至拍摄了拓片制作的流程图，图文并茂向英方讲解，从无到有，最终成功地将所有目标博物馆列入项目之中。

第二，此外，英国藏中国青铜器的研究基础相当薄弱，许多馆没有专业人员，多年处于研究真空。一些青铜器出现了严重积灰、破损、锈蚀，一些则按照错误方式进行修复。还有一些机构表示没有预算拍摄藏品，图录等资料仍是二三十年前出版的。这给研究带来困难，也可惜了这些珍贵的文物资源。此次赴英，我们给与了馆方许多建议和新的理论发现。日后中英双方应当加强交流，互通有无，让更多人了解中国青铜器。

作为年轻人，我们的成果或许青涩，想法或许单纯，但我们依然希望通过个人的努力为海外流散文物的资料收集、学术研究做出小小贡献，同时也为中国传统文化和上海博物馆影响力在海外的传播出一份力。

最后，愿流散海外的国宝们不再蒙尘，重新散发原有的光彩！

日本东京国立博物馆等地考察见闻与思考

2018年11月赴日本交流考察　徐方圆　沈敬一

中日两国历史文化渊源深厚，两国的大型博物馆在文物品种、建筑风格、管理方式、人文内涵等多方面都有一定的相似性，这是两国博物馆开展合作交流的重要基础。上海博物馆当前正在积极推进东馆建设，目标是将我馆建设成为世界顶级的中国古代艺术博物馆。要实现这一愿景，我们有必要通过实地考察汲取世界著名博物馆在展陈设计、文物保护、管理方法等方面的经验，获取第一手的信息，并与我馆的实际情况相结合，形成一系列具有上博特色的、可操作性强的方案。基于这样的想法，我们将目光投向了以日本东京国立博物馆（以下简称"东博"）为代表的日本博物馆。

作为日本最大的博物馆，也是最早成立的国立博物馆，东博的文物典藏在全世界具有巨大的影响力，东博的文物预防性保护也具有较高水平；日本博物馆在防震设计方面经验丰富；日本的私人博物馆、美术馆在展陈设计上往往具有自身鲜明的特色。此次交流访问主要围绕文物预防性保护工作，从文物风险预控管理角度，结合上海博物馆东馆建设，调研日本博物馆相关领域技术发展和应用现状，交流环境监测和调控技术，学习先进管理经验，比对研究提出我馆进一步发展计划。

五天的访问行程中，徐方圆应邀作《上海博物馆文物预防性保护情况介绍》报告；考察东京森美术馆、出光美术馆；（图一）与东京国立博物馆文化财活用与保存室长吉田直人、

图一　考察组在出光美术馆座谈

图二　考察组在东博座谈

图三 2012年东京站上层部分的外墙按最初样貌复原，颜色与下层有区别

图四 考察组在奈良国立博物馆座谈

图五 大阪市立美术馆外景

保存修复课环境保存室长和田浩就博物馆库房、展厅的温湿度调控、污染物监测、照明设计及防震等诸方面进行交流；（图二）参观东博位于地下一层的三个文物库房，考察东洋馆展厅及几个有代表性的展柜，调研西洋美术馆的防震设施、东京站及周边建筑物的防震设计。（图三）赴奈良国立博物馆调研其展厅的温湿度监控、照明设计和展柜情况，参观部分展厅，考察文物研究室，观摩漆器、书画文物的修复工坊。（图四）赴大阪参观大阪市立美术馆。（图五）

通过此次调研，了解了馆藏文物保存环境监控技术在日本主要博物馆的应用及文物保护风险管理措施，学习了日本的文物预防性保护理念，比较我国当前相关领域发展和应用状况，对上博科研基地和我国馆藏文物保存环境领域的未来发展方向有了进一步的思考。

一、温湿度监测与调控

温度、相对湿度是馆藏文物保存环境中最主要的两个环境因素。目前上海博物馆已建立了覆盖全部展厅、库房的无线环境监测网络，也配备了一定数量的监测终端。当前的工作重点是进一

图六 东博库房内使用的毛发湿度计

图七 东博库房内配备的温湿度监控探头

图八 东博展柜内置的暗格及其中的温湿度计

图九 东博展柜内的调湿剂

图一〇 东博展柜内的调湿机

步提高温湿度监控工作的管理水平，实现技防、人防水平同步提高。

东博库房位于地下，具有较厚的墙体结构，能够有效地缓冲外界的温湿度波动。东博在展厅和库房大量采用传统的毛发式温湿度计，（图六）同时也配备了具有无线传输功能的电子温湿度记录仪，（图七）两种方法互为印证。为了尽量避免对展陈的影响，有些展柜设计了暗格，（图八）而调湿剂、调湿机通常位于展柜底部的抽屉内。（图九、一〇）

奈良国立博物馆的展柜和储藏柜都是24小时供电，可以保证温湿度恒定。温湿度记录仪将数据无线传输到鸟越俊行室长那里，从电脑界面上可以看到每个探头所处的位置，并可根据颜色情况直观判断各处的温湿度是否超标。（图一一）

森美术馆是位于东京的一家私人美术馆，展览以油画为主，兼有和纸、洋纸、合成树脂、胶卷、织物等。该馆没有常设展览，借展时通常按借出方的要求监控展厅、展柜温湿度，若无要求则按照本馆的要求进行控制。在具体操作时，因为展柜均为木质的，所以密

图一一 鸟越俊行室长展示奈良馆内温湿度探头的布设和实时监控情况

闭性要求不太严格。展柜内的温湿度主要依靠展厅的恒温恒湿空调24小时开启进行调控。在展览过程中会一直监控温湿度的变化。如果借出方提出要求，则会定期向对方提供监测数据；如果无要求，不会主动提供这些数据。通常情况下，借出方会向森美术馆要求提供借展季节过往的温湿度数据。小型温湿度传感器通过无线网络将数据实时发送给与展览有关的研究员，同时森美术馆的安全部门有专人负责监控空调运行。在实际调控工作中，温湿度波动过大时，首先由研究员联系安全人员设法解决。如果是因为空调出现了异常，则由安全人员联系空调生产厂家来解决。另一方面，如果是对外借展，在和对方比较熟悉的情况下，通常很少去对方那里实地考察环境，但会要求对方提供环境数据。没有出现过环境不达标的情况。对于日本国内的借展，一般要求对方提前半年以上（通常为一年左右）提出申请，而对于欧美国家则要求提前两年申请，以便有充足的时间做准备。库房方面，主要用空调来调节温湿度，库房墙壁是金属质地，没有调湿功能。因此，空调运营的费用是很高的。

　　出光美术馆同样也是一家位于东京的私人美术馆，该馆的展览主要包括陶瓷、书画、金属器、漆器等，其中最多的是日本油画和版画。与森美术馆一样，该馆也没有常设展。展厅本身无调湿功能，而每个展柜均可独立调节温湿度，重点是摆放木质和纸质文物的展柜，要求尽量和库房状况保持一致。展厅配备中央空调，无调湿功能，闭馆后关闭。借展时，对方会要求出光美术馆提供温湿度数据。而在对外借展时，一般也是只借给比较熟悉的博物馆，同时会要求对方提供数据；如果对方是新建的博物馆，出光美术馆可能会派工作人员预先现场调查。温湿度记录仪通过无线网络将数据发送给有关研究员，在展览过程中，研究员一周检查一次温湿度记录仪，数据可以在手机软件上看到。

　　从以上见闻中我们得出了如下的结论：日本博物馆的温湿度管理工作很好地体现了技防与人防结合的特点，不仅重视建筑、展柜的质量和温湿度监控设备器材的准确性、精密性、稳定性，也特别强调人在管理中应该积极发挥作用，在谨慎负责的基础上，勤于思考和实践，迅速果断地解决出现的问题。

二、有害物质监测与处置

东博对室内空气污染物进行监测，并提出了馆内限值标准，可供我馆参考。（图一二）

东博大量采用了诱饵式害虫捕捉器，用以捕捉蟑螂等爬虫类，并对一定周期内的害虫数量进行统计。该种捕虫器与市售的"蟑螂屋"在原理上一样。从我们目测到的情况来看，捕虫器内基本都没有什么"收获"，表明东博在最近一段时期内没有明显的虫害。（图一三）

针对已发现的虫害，采取的主要对策是填充二氧化碳杀虫，而针对霉变的主要对策是环氧乙烷熏蒸法。

奈良国立博物馆在展厅也设置了捕虫器，（图一四）用以统计一段时间内害虫的数量。该馆应对虫害的方法是在展柜内放置驱虫药片。（图一五）

森美术馆要求展柜材料上所用的涂料对文物无伤害。该馆的库房主要起临时保存借展文物的作用。如果借来的文物有霉变、虫害等迹象，研究员会联系专门的熏蒸公司先进行处理，然后再运来。熏蒸方法包括药物处理和热处理两种。如果工作人员认为只是普通虫害，也可用一般的杀虫剂自行处理；在不确定虫害严重性的情况下，交由熏蒸公司处理。

出光美术馆处理借展文物虫害的方式与森美术馆大

图一二 东博馆内污染物实测值及本馆规定的限值

图一三 东博库房内的害虫捕捉器

图一四 奈良馆展厅内的害虫捕捉器

图一五 奈良馆展柜内放置的驱虫药片

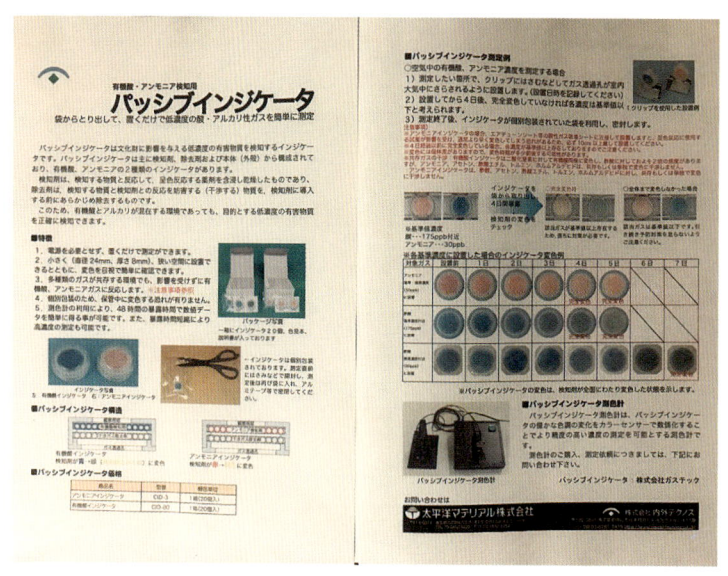

图一六 日本博物馆采用的一种挥发性污染物被动采样器及指示剂变色示例

图一七 东博对各种质地文物的照度限定值

体相同。文物本身出现虫害的情况较少，而在建筑物内及文物箱内等有害虫的可能性是存在的。

我们从国立文化财机构的吉田直人先生那里得知，日本博物馆也是采用被动采样的方法了解甲酸、乙酸、氨等挥发性物质的浓度。采样器于十年前开始使用，一套两个，售价3200日元（约合人民币200元）。与我们不同的是，日本博物馆本着实用为先的理念，主要采用指示剂颜色变化来大致判断污染物浓度，对其确切值似乎不作深究；而我们对这些污染物的确切浓度更感兴趣，因此后续采用离子色谱法将其定量。这其中的原因，可能正如吉田室长所说，许多研究员对环境监控方面的专业知识了解并不多，因而也没有能力去深入了解数值背后的意义。（图一六）

三、照明设计

东博对馆藏文物所能接受的最大照度及展示时间做出了明确限定。（图一七）东博也使用荧光灯，但因为其辐射紫外线，对文物的伤害远大于可见光，所以采取了在灯管内壁涂覆二氧化钛吸收紫外线的方法。与我馆一样，日本博物馆对LED的使用也持谨慎态度，因其光谱对文物存在损伤，这一技术问题目前并未得到很好的解决，但大家都认为LED的应用是一个总的趋势。另外，OLED目前在日本也处在研发阶段。从照明方式的运用来看，东博采用整体照明与单独照明结合的方式，有利于提高观众的

图一八 奈良国立博物馆展厅一角

观展体验。

奈良国立博物馆的展陈以古代佛教艺术为主，整个馆的风格比较传统。在佛像雕塑展览区，我们注意到该展区以整体照明为主，当顶部几束光线以不同角度照射到佛像上时，因为佛像背后未设置照明，导致出现了几个不同角度和位置的投影，可能影响观展体验。（图一八）

和国内博物馆一样，森美术馆对于不同材质的文物也有不同的照明要求。馆内有专门的人员，可以与外面人员一起调节灯光。展厅采用卤素灯，不用荧光灯。因为展品都是现代艺术作品，对光线不敏感，所以在展厅的部分位置（天窗处）引入了自然光。天窗平时用布罩住，展览时将布打开。在阴天的情况下，使用人工照明补光。

在出光美术馆，照明也是按照不同展品分别调节的。据高桥典子女士表示，在LED灯的技术研究方面，日本比较先进，虽然LED灯会产生热量，但有些产品已经可以达到博物馆的使用标准。不过因为LED灯产生较多蓝光，对文物的损伤大于传统卤素灯，因此对它在博物馆内的使用仍然是很慎重的。出光美术馆的墙柜内使用了不少荧光灯。在布展时，特别是对于绘画作品，通过专业设备测量照度后，有针对性地调节照明，而对陶瓷等对光不敏感的文物，则通过经验目测照度是否达标即可。在一些新型展柜中，采用的是LED灯，并可直接读取照度值。

四、防震设计

日本是一个多地震的国家，普通建筑物的抗震能力均需达到较高标准，而各博物馆的防震

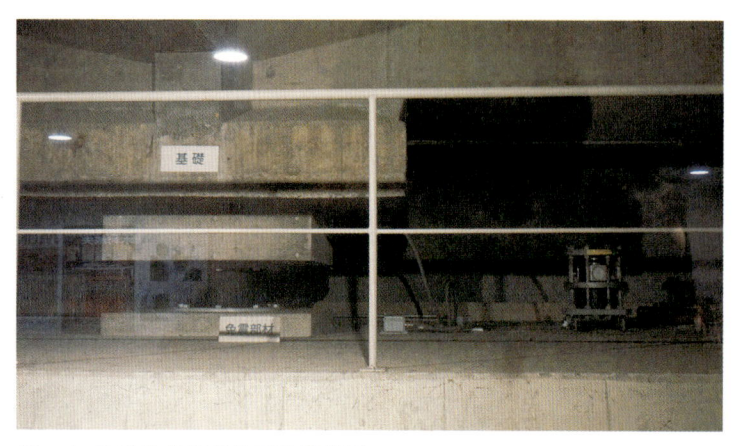

图一九 西洋美术馆的地下防震装置

设计也成为了文物预防性保护中必不可少的一部分。上海虽然不处于地震带上，遭遇大地震的几率极低，但一方面是防患于未然，另一方面，上海博物馆作为国内最早开展博物馆防震设计研究的单位之一，且具有较强的技术实力，有义务为广大中西部地区的博物馆提供国内外博物馆防震设计方面的先进经验。带着这样的思路，我们此行的目的之一就是了解日方在防震方面的具体做法。

东博对国宝和重要文化财采取了加装防震台的措施，其他文物则不一定享受此待遇。整个馆的防震主要依靠坚固的建筑结构。

西洋美术馆位于东博旁边，其地下防震装置见下图。（图一九）

东京站是日本的重要文化财。从其建筑外部设置的防震沟以及说明牌上，我们了解到该建筑在遭遇地震时，若水平移动距离不大于30厘米，则建筑整体结构不会受到明显的破坏。（图二〇）

森美术馆位于大楼的52层，如此高的楼层本身摇晃幅度相对而言就比较大。考虑到防震要求，森美术馆的做法是将展台完全固定在楼面上，这样展品就随大楼一起作水平方向的摆动，而每个展台本身没有单独的防震设计。

出光美术馆在防震方面的专门设计也不多。展厅所在的大楼，防震标准是50年前制定的。展厅没有防震台，展品的安全主要也是靠固定。文物库房位于别处，目前进行了加固，但没有专门的防震结构。出光美术馆在近期可能会另建新馆。

由此可以看出，日本的国立博物馆和私人博物馆在防震设计方面有一点是相同的，那就是主要依靠建筑物的整体坚固性，这种坚固性建立在较高的抗震标准和优良的施工质量上。

图二〇 东京站建筑的防震说明：地震时最大可承受的水平移动距离为30厘米

而国立博物馆的藏品更为丰富，价值也远非私人博物馆所能比拟，同时在技术能力上也更高，因而对一些特别重要的、国宝级的文物采用特制的防震台，既有必要，也能实现。对于上海博物馆东馆而言，采取类似日本国立博物馆的方式，在保证建筑物自身防震等级的前提下，对特别珍贵的文物进行个别防护，是最安全且效率最高的做法。

五、感想与思考

相比于我国当前蓬勃发展的文物预防性保护工作，日本在相关领域起步较早，发展较为成熟，技术和管理两方面都有了比较固定的模式，但同时也面临资金、人才、变革与突破等一系列现实问题。东京、奈良两座大型国立博物馆，在馆内设施、装备方面均有相当大的一部分沿用了几十年，这其中的原因很多，如日本传统的节俭观念、奈良馆风格上偏向庄严肃穆的佛教艺术等，但建设发展资金的短缺无疑是一个重要因素。在人才培养、任用和提拔方面，可能由于区域发展不均衡（尽管日本各地区的发展程度总体而言比较均衡）以及一些社会因素，国立博物馆的工作人员队伍规模不大，每位工作人员需要承担的工作量都比较大，往往事实上一兼数职，最典型的情况就是奈良馆的鸟越俊行先生。以上两个方面都表明，日本的大型国立博物馆，在重视先进技术应用的同时，也在尽力挖掘工作人员的潜能。

从上博文保中心的情况来看，我们拥有国内顶尖、世界先进的科研设备和工作条件，从硬件条件上完全不输国外博物馆，因此我们有理由坚信，在硬件指标上文保中心定位世界顶尖是完全合情合理的。从多种馆藏文物保存环境监控设备的设计、功能、寿命等方面来看，我们不亚于日本博物馆使用的相应设备，在许多技术和理念上更是有过之而无不及，表明我馆文保中心经过几十年的发展，在文物预防性保护的相关技术、产品上与国外处于同一水平，甚至略为领先。于温湿度、污染物、病虫害监控相比，我们需要加强的是对地震等自然灾害的防范、相关技术、产品的研发以及应急处置方案的制订等；在展陈设计方面，我馆工作人员队伍的实际操作经验丰富，但若有专门的灯光设计团队参与进来则展陈效果更佳。在软件应用、工作人员的综合技能和解决实际问题的能力方面，可能由于两国博物馆的发展理念有所不同，以及工作人员接受的教育方式不同等各种原因，我们拥有的知识技能和日方工作人员有所差别，双方的强项不同。我们从中感受到日方工作人员将博物馆当作展现自己才能的舞台，对这份工作有很高的参与度，这一点和我们上博的情况是一样的。特别是近年新入职的年轻同志，大多受过良好的教育，思维敏捷，富有创意和激情。我们不仅要洋为中用，大量吸收国内外的先进经验和技术为我馆所用，也要在今后的发展中，自觉形成具有我们上海博物馆特色的馆藏文物预防性保护工作模式，积极向国内外介绍和推广我们的经验，提升上博在国际上的学术影响力，以过硬的技术实力和全面的工作能力承担起新时代下建设上博的重任。

记日本藏中国宋元名画

2018年12月赴日本交流考察　李兰

图一 在东京国立博物馆考察书画作品

2018年12月10日至19日，本人赴日本进行了为期十天的业务考察，期间得到了东京国立博物馆（以下简称东博）的热情款待，由东博国际交流办公室的赵玉萍小姐全程陪同，并负责本人讲座的翻译工作、行程安排等接待事宜。业务考察之特别观摩内容，由东博中国书画研究员植松瑞希小姐协助联络。副馆长井上先生对于上海博物馆与东博的文化交流项目给予充分肯定，并希望两馆之间进行全方位、不同层面的交流与互动，将本项目持续地向纵深推进。

考察期间，本人特别观摩了东博、根津美术馆、大和文华馆、京都国立博物馆、大阪市立美术馆的中国宋元绘画藏品约41件/组（含明画册一件），旨在与上海博物馆馆藏宋元绘画进行比对研究，同时与日本学者进行交流，了解日本藏宋元绘画的流传过程，在日本历代的鉴定意见，及保存现状等。

东京国立博物馆

东博是日本最早、最大的国立博物馆，位于东京台东区上野公园北端，保存有丰富的中国古书画藏品。本人在东博调查室特别观摩了馆藏中国宋元绘画25件/组，其中包括梁楷《出山释迦图》轴、《雪景山水图》轴、《李白行吟图》轴、《六祖截竹图》轴，李氏《潇湘卧游图》卷，

（传）马远《寒江独钓图》轴，李迪《红芙蓉图》轴、《白芙蓉图》轴，金大受《罗汉图》轴等中国宋元绘画名迹。（图一）

南宋著名画家梁楷的传世作品不足二十件，东博是梁氏画作的重要海外收藏机构。梁楷祖籍山东东平，擅画人物、山水、道释鬼神，南宋宁宗赵扩嘉泰年间（1201-1204）为画院待诏，皇帝曾赐其金带，但他没有接受，把金带挂在院内离去，以纵酒为乐，性情狂放不羁，人称"梁疯子"。梁楷绘画师法贾师古，描写潇洒飘逸，有出蓝之誉。当时画院中人见到他的画作，无不为其高超精妙的画艺所敬服。贾师古擅长白描人物，师法北宋"白描大师"李公麟。可见，梁楷应为李公麟再传弟子。元夏文彦《图绘宝鉴》称其画作"传于世者皆草草，谓之'减笔'"，指的是梁楷晚年写意风格的画作。梁楷传世的作品以中年、晚年作品居多。《白描道君像图》卷（上海博物馆藏）是目前传世仅见的梁楷工笔白描画作，反映了他早期的绘画风格。《八高僧故事图》卷（上海博物馆藏），笔墨工整繁复，骨体豪纵，是他中期浑厚雄健风格的代表画作。《泼墨仙人图》轴（台北故宫博物院藏），用笔简括纵放、水墨淋漓酣畅，是他晚年成熟期的创新风格。东博藏《出山释迦图》轴与《八高僧故事图》卷笔墨风格一致，同为梁楷中期笔力雄健、造型精准一路风格的重要作品，为探究梁楷中期画风面貌的典型画作。（图二）

南宋画家李迪，活动于孝宗、光宗、宁宗三朝，其画风秉承两宋画院的传统，具有很强的写生能力，画风细腻精工、栩栩如生。上海博物馆藏《雪树寒禽图》轴，笔墨精纯，形象生动，是李迪的传世名作。东博藏《红芙蓉图》《白芙蓉图》双轴，是李迪的代表画作。

图二 南宋梁楷《出山释迦图》轴（局部）

图三 南宋李迪《红芙蓉图》轴

红白芙蓉均以细线勾勒，施以粉红色或白粉，层层敷色，反复渲染，最终达到细致入微、艳而不俗的艺术效果。本次观摩，由植松小姐全程接待，赵玉萍小姐陪同。（图三）

在平成馆第4会议室，本人做学术报告《〈睢阳五老图〉册考辩》，由赵玉萍小姐协助PPT翻译及现场口译工作。宋蒋璨等《睢阳五老图题跋》册，是上海博物馆馆藏国家一级品文物。传世名迹《睢阳五老图》描绘的五位老人，是北宋五位名臣杜衍、王涣、毕世长、朱贯、冯平。五人致仕后，归老睢阳（今河南商丘），宴集为五老会，赋诗酬唱。当时画家为五人绘成图像，称之为《睢阳五老图》。钱明逸于至和丙申（1056）为之作序。20世纪上半叶，《睢阳五老图》原图及部分题跋流落至美国，王涣和冯平像保存在弗利尔美术馆，杜衍和朱贯像保存在耶鲁大学美术馆，毕世长像及部分题跋保存在大都会博物馆。《睢阳五老图》近千年来流传有绪，至今保存完好，堪称中国古代书画鉴藏史上的典范之作。在流传过程中，此图得到宋代名士蒋璨、黄缨、杜绾、谢如晦、钱端礼、王铚、季南寿、谢觐、洪迈、张贵谟、游彦明、范成大、杨万里、欧阳希逊、洪适、余端礼、何异等诸家题跋。绍熙二年（1191）后，《睢阳五老图》归朱贯后人递藏，传至元代著名画家朱德润手中时，得到赵孟頫、虞集、柳贯、杜本、李道坦、周伯琦、段天祐等名流的题跋，使得此图愈加珍贵。原图流失海外之后，《睢阳五老图》册被重新命名为宋蒋璨等《睢阳五老图题跋》册。1965年，孙煜峰将其捐赠上海博物馆。宋蒋璨等《睢阳五老图题跋》册在中国古代书法史中具有重要的地位，宋元诸家题跋（除钱明逸序言保存在大都会博物馆以外）皆保存在此册中。1943年暮春，吴湖帆为孙煜峰题跋宋蒋璨等《睢阳五老图题跋》册。《睢阳五老图》在朱贯后人递藏过程中曾被多次临摹，这些临摹本又经过同时代人抄录前代人题跋，及后来人的品题，同样具有重要的历史文献价值。本人做学术报告《〈睢阳五老图〉册考辩》，就《睢阳五老图》册拆分、离合复杂的流传脉络进行了系统的梳理，同时，对各种临摹本与原本的关系问题进行了考证与辨析。报告结束后，东博研究员植松瑞希、救仁乡及田良岛等学者，就本人的学术报告及上海博物馆的书画类藏品等提出了相关问题，本人一一作以答复。此后，还专门与救仁乡课长进行学术交流，获赠课长策划展览的图录及论文集。

除了特别观摩中国古代书画作品之外，本人还参观了东博举办的"北京画院藏齐白石艺术特展"及"法隆寺展"。东博内有本馆、东洋馆、表庆馆及法隆寺宝物馆4个展馆。其中，东洋馆主要展出日本以外的东方各国各地区的艺术品和考古遗物，包括埃及、西亚、东南亚、中国、朝鲜和西域等地区文化艺术。东洋馆的第二层可以说就是"中国专馆"，一共五个陈列室，其中四个为"中国考古"，一个是"中国绘画书法"。东洋馆专门陈列中国文物，展品包括史前的石器和彩陶，商周的青铜器和玉器，汉代的陶器和画像石，魏晋南北朝的佛像，唐代的金银器和三彩，宋、元、明、清的瓷器和历代书法绘画等，有些文物已被列为"国宝""重要文化财"级文物。

根津美术馆等

本人赴根津美术馆调查室，特别观摩了（传）李安忠《鹌图》轴及夏圭《风雨山水图》轴。根津美术馆于1940年创立，1941年开馆，收藏了实业家根津嘉一郎收集的以古代美术品和茶器为中心的七千件艺术品，以茶道用具和佛教美术作品最为著称。所收藏的中国文物以藏品丰富、门类多、精品多而闻名。（图四）

（传）李安忠《鹌图》轴和夏圭《风雨山水图》轴均钤有"杂华室印"白文方印，可知经室町幕府第六代将军足利义教（1394-1441）收藏，因此至少在明初就已经流传到日本。《鹌图》轴，无款，绢本设色，枝叶双勾填色，鹌鹑描绘非常工细，白粉绘前胸羽毛，丰满润泽。背部羽翅则用笔健力。鸟嘴细笔劲勾，头部透视感强。

图四 南宋李安忠（传）《鹌图》轴（局部）

除了特别观摩之外，还参观了根津美术馆"日本茶道文化"常设展。了解了日本的茶道文化，是集插花、书画鉴赏、漆器、陶瓷器、庭院、品茶、和服等的日本综合性文化艺术活动。此外，本人还参观了东京地区出光美术馆"江户时代的美术"特展，三得利美术馆"日本扇子艺术特展"。了解了中国与日本美术之间紧密的联系，及文化交流的源远流长。（图五）

图五 作者在根津美术馆前

大和文华馆

在大和文华馆特别观摩了李迪《雪中归牧图》轴（二幅）、（传）赵大年《秋江群鸥图》轴、管道昇《紫竹庵图》轴。（图六）接待我们的是大和文华馆的研究员都甲小姐。大和文华馆隶属于近畿日本铁路株式会社，由该社社长种田虎雄创办，收藏有约2千件以中国、朝鲜、日本为主的东方古代美术品，在众多私立美术馆中享有盛誉。

李迪《雪中归牧图》轴（二幅），尺幅相同，均为绢本设色，有"李迪"名款，笔墨精工，白粉作雪。经都甲小姐介绍可知，李迪《雪中归牧图》双轴，最晚于15世纪流传至日本（室町时代，中国明初），经足利将军收藏，为"东山装裱"形制。日本战国时代的井伊大名曾收藏此二图。到了江户时代，井伊家族请狩野探幽作有鉴定书。目前，日本学界认为二图中持雉鸡者为李迪真迹，持兔者笔墨、造型等不如持雉鸡者，但是由于二图绢丝质地极为相似，因此应为同时期仿作。日本学者板仓先生有相关研究文章。（图七、图八）

京都国立博物馆

在京都国立博物馆调查室特别观摩了《维摩诘像》轴、正悟《观音图》轴、郭天锡《青云直上图》卷及沈周《九段锦》册。京都国立博物馆开馆于1897年，当时名称为帝国京都博物馆，1952年更名为京都国立博物馆。博物馆的建筑具有日本明治中叶时期的法式文艺复兴风格。

南宋《维摩诘像》轴，绢本白描，无作者

图六 元 管道昇《紫竹庵图》轴

图七 南宋李迪《雪中归牧图》轴之一　　　　　　　图八 南宋李迪《雪中归牧图》轴之二

款印，一高士坐在榻上，一女立于一旁。人物面容刻画极精工传神，用笔细劲，衣纹用笔洒脱劲健，暗处淡墨渲染，榻上的花纹刻画精细。最晚于江户初年（16世纪上半叶）流传到日本，黑田家族收藏，现保存有原漆盒，经狩野安信鉴定。（图九）

据吴孟晋先生介绍，中国学者罗振玉、罗继祖曾经在日本京都居住过，在日本关西地区掀起了研究汉学的风气。目前，在日本设立有关西画学研究会，则是延继了这一学术风气。参与者为全日本研究中国书画的学者，定期开会，研讨最新研究成果，并且出版日本藏中国书画释文录。

大阪市立美术馆

在大阪市立美术馆调查室，特别观摩了阿部房次郎捐赠的《五星二十八宿神形图》卷、米友仁《云山图》轴、郑思肖《墨兰图》卷、王渊《禽鸟图》轴等6件中国宋元绘画。大阪市立美术馆开馆于1936年，位于天王寺公园内。2018年10月，大阪市立美术馆举行了"阿部房次郎诞辰150周年纪念：中国书画名品展"。日本阿部氏爽籁馆、美国顾洛阜汉光阁、王季迁宝武堂，堪称海外私人收藏中国书画的重镇。

阿部房次郎（1868-1937），日本关西纺织业巨头，贵族院议员。他重振经营不善的金巾织造，后来该公司扩大为大阪纺织、东洋纺织，并凭借其卓越的经营能力，将其企业经营扩大到南洋、中国、印度等地。虽然公司业务繁忙，他还是忙中偷闲，在著名日本汉学家内藤湖南的帮助下收藏中国珍贵文

图九 南宋《维摩诘像》轴

物。其藏品包括（传）南朝张僧繇《五星二十八宿神形图》、北宋易元吉的《聚猿图》、元龚开《骏骨图》、明仇英的《九成宫图》等赫赫名迹。遵照阿部房次郎临终嘱托，1942年，其长子阿部孝次郎将其父一百六十余件中国古代书画藏品捐赠给大阪市立美术馆，成为该馆早期的支柱馆藏。在阿部捐赠的收藏品中，（传）唐王维《伏生授经图》、宋苏轼《李白仙诗书》、金宫素然《明妃出塞图》、明董其昌《盘谷序书画合璧》被定为日本重要文物。1994年，为纪念大阪市与上海市缔结城市二十周年，上海博物馆与大阪市立美术馆联合举办"中国书画名品展"，相继在中日两地展出，展品中就包括阿部捐赠的宫素然《明妃出塞图》、龚开《骏骨图》等名迹。

王渊（13世纪-14世纪中叶），元代画家。字若水，号澹轩，钱塘（今浙江杭州）人。工于花鸟、人物、山水，尤精于花鸟画，堪称元代花鸟画大家。其花鸟画创作在书画史上具有承前启后的重要作用。陶宗仪于《辍耕录》卷七记载"幼时获侍赵魏公故多指教，所以傅色特妙"。王渊幼习丹青，赵孟頫多指教之，擅长敷色之法。所画皆师古人，无一笔院体。目前，王渊存世的花鸟画作，题材多以水墨花鸟竹石为多，勾勒工致，造型精严，层次井然，得写生之妙，墨色渲染，浓淡相宜，富有韵致，以无彩胜于有彩，秀丽之中显现出浑朴的气息。上海博物馆藏有王渊《竹石集禽图》轴，款署："至正甲申（1344）夏六月望，钱塘王若水为思斋良友作于西湖寓舍。"钤"王若水印"白文印，"墨妙笔精"白文长方印。王渊画作突破宋院体工丽纤巧的成规，以黄筌写生为体格，吸取扬无咎、赵孟坚等文人水墨画法，以水墨代替设色，注重墨彩的浓淡干湿，笔墨工整中略带写意，开创了元代花鸟画新风尚，在当时及对后世具有较大影响。《竹石集禽图》轴，笔意秀劲，墨色清新，格调高雅，意境清幽，为王渊传世代表画作。大阪市立美术馆藏王渊《禽鸟图》轴，款署："王渊若水摹黄筌竹雀图。"以竹石麻雀为题材，画面布局工稳，笔墨工致细秀，与《竹石集禽图》轴相比，用笔略显稚嫩。

郑思肖（1241—1318），宋末爱国诗人、画家，连江（今属福建省福州市连江县）人。原名之因，因肖是宋朝国姓"赵"的组成部分，宋代灭亡后改名思肖，字忆翁，表示不忘故国之思，号所南，日常坐卧，要向南背北，坚决不北面事异族。曾以太学上舍生应博学鸿词试。元军南侵时，曾向朝廷献抵御之策，未被采纳，后客居吴下。郑思肖擅长作墨兰，花叶萧疏而不画根土，意寓宋朝国土已被掠夺，无根的兰花，寓意南宋失去国土根基。有诗集《心史》《郑所南先生文集》《所南翁一百二十图诗集》等。大阪市立美术馆藏《墨兰图》卷，题署："向来俯首问羲皇，汝是何人到此乡。未有画前开鼻孔，漫天浮动古馨香。所南翁。""丙午正月十五日作此一卷。"为郑思肖传世代表画作。此图以没骨法写疏花简叶的幽兰一丛，兰叶挺拔舒展，清丽而优雅；兰花幽芳轻吐，沁人心脾。笔墨古拙质朴，独得天趣。郑思肖笔下的兰花，借笔墨抒发胸中逸气，被赋以疏放野逸、孤高自傲、无人花自馨的高尚品格，是作者自我思想品格的真实写照。此图作于丙午年（1306）元宵节，这一年郑思肖六十六岁，距南宋灭亡已过27年，但他不忘故国之思的民族气节丝毫未减，题画诗及笔墨中犹存一种浓郁的孤傲情怀。除了特别观摩之外，还参观了大阪市立美术馆"法国罗浮宫藏肖像特展"。此展览规模庞大，展品包括雕塑、油画等多种艺术门类。（图一〇）

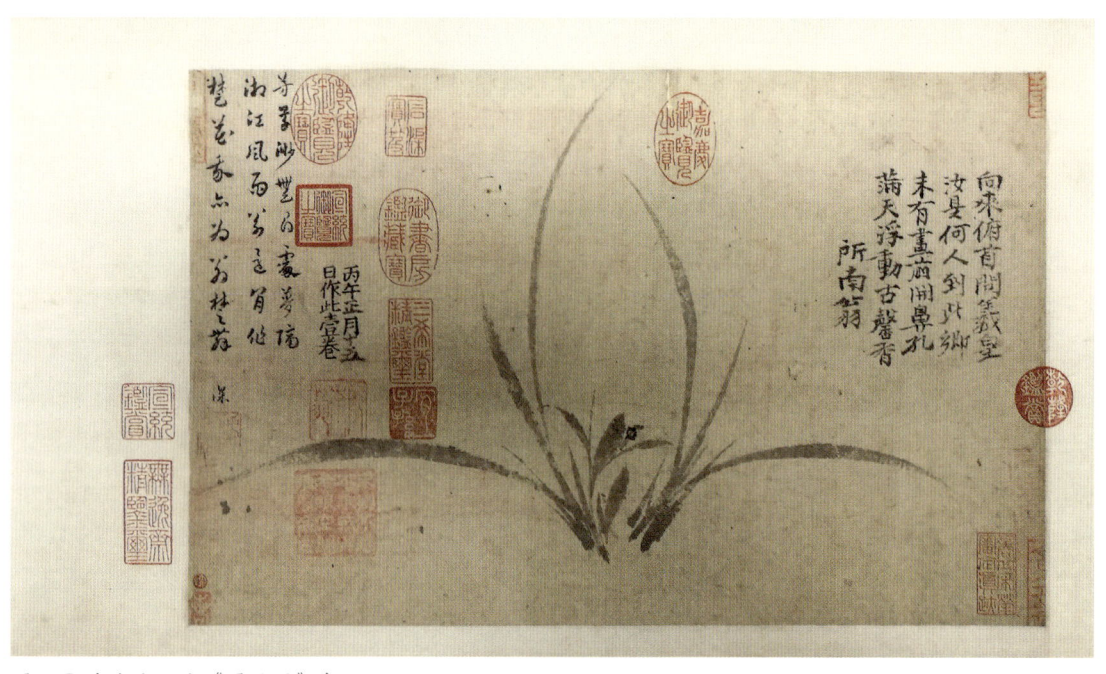

图一〇 南宋郑思肖《墨兰图》卷

　　此外，本人还参观了奈良博物馆"春日社祭"特展，了解了奈良地区的风俗文化；参观二条城，近距离观摩了殿内墙壁和隔门上狩野派画家的名画；参观清水寺，了解了观音与神不同信仰比邻而居的日本信仰文化；参观世界上最大的单体木结构建筑——东大寺；参观平等院古物陈列馆，馆内展示平等院内宝物飞天、大钟等，同时复原平等院壁画等。古建与展馆结合，达到很好效果。

　　经过此次赴日本的业务考察，本人受益良多。不仅近距离观摩了日本藏中国宋元绘画的笔墨风貌，了解其在日本的流传过程、鉴定意见、保存现状等，与上海博物馆馆藏宋元绘画进行比对研究，同时，与日本学者进行友好交流，了解中国古书画鉴定学科在当代日本学界的发展状况，参观各种相关艺术展览、文物古迹，加深对中日文化交流的了解。这些都将为本人日后的工作和学习起到积极地促进作用。

"细节"中的日本

2018年12月赴日本交流学习　章颖　伍琳　吴侃

2018年12月18日至22日，办公室副主任章颖、工会主席伍琳和陈列设计部吴侃3人赴日本奈良国立博物馆进行了为期5天的业务交流访问，就办公室行政管理工作和博物馆展陈设计等内容，与奈良国立博物馆学艺部的野尻老师进行了深入的交流。

在奈良的5天，全程由学艺部的工作人员陪同，我们也拜访了松本伸之馆长，参加了学艺部的望年会，受到了日本同行的热诚款待。在奈良期间主要拜访的文保机构还有东大寺、唐招提寺、法隆寺、大和文化馆。在京都主要参观的是京都国立博物馆新馆、三十三间堂、二条城、金阁寺。在大阪主要参观的是大阪市立东洋陶瓷美术馆和大阪国立国际美术馆等文博单位。（图一）

一、增强博物馆文化的辐射力，增强东馆功能布局

日本奈良国立博物馆在展览宣传方面仍在沿用比较传统的宣传方式，与电视台合作，向报社、博物馆会员发放宣传纸质资料，但每年举办的"正仓院展览"却已成为了奈良的一个文化品牌，每年都能吸引众多来自世界各地的参观者。馆内楼下一层的墙面上也贴满了历年所举办过的展览的海报，令人印象深刻。（图二）

2018年正逢我馆打响"上海文化"品牌五年行动计划的第一年，结合我馆事业发展需要，擦亮上博金字招牌，借鉴日本对传统文化

图一 参观奈良国立博物馆

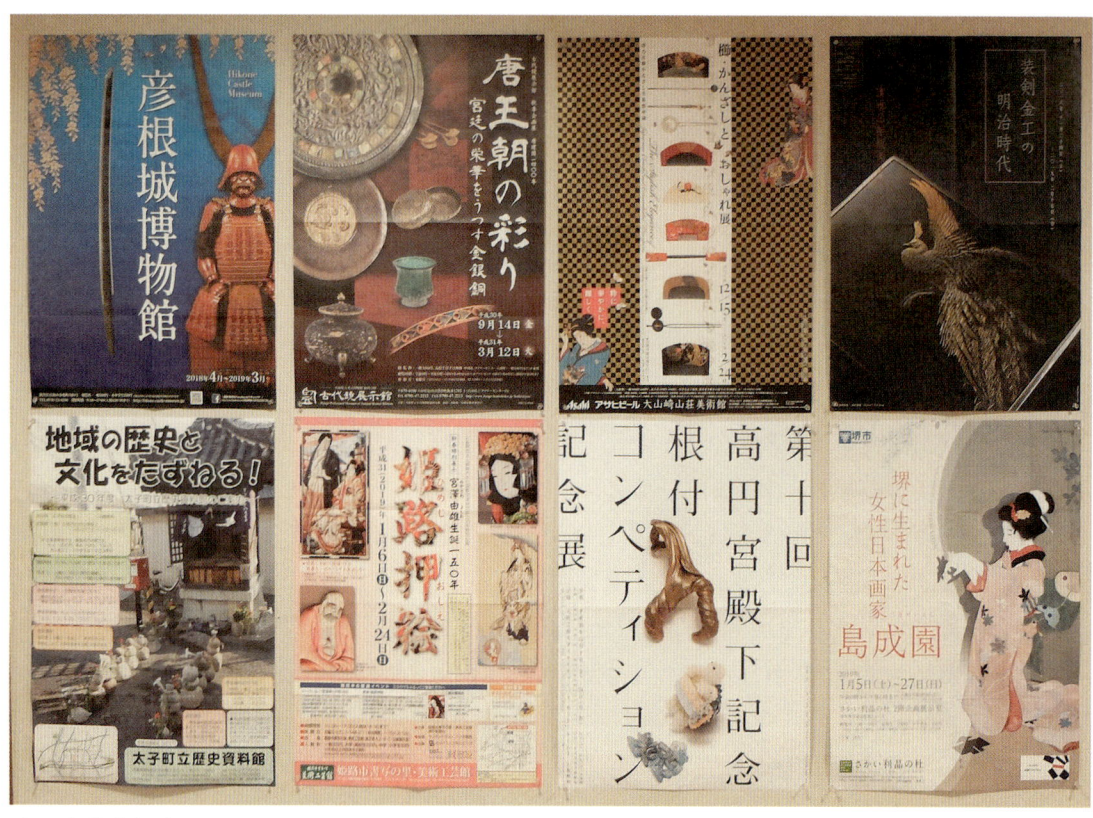

图二 展览海报墙

的推广，我馆今后在展览宣传上可以更多地借助网络媒体（官网、微信、微博）优势，发掘自身潜力，整合本馆在考古发掘、文物保护、社会教育、文创开发方面等强项入手开拓思路，"让文物活起来、讲好中国故事"。

为打造世界一流博物馆，结合上海博物馆"品牌战略"与东馆的建设，也让我们在参观日本当地博物馆的公共设施时多了一些重点关注。在平成京的公共卫生间我们还意外发现了为无肛特殊人群提供的如厕设施，此类特殊人群虽属于小部分，但从细节处时时为观众考虑的初心值得加以借鉴。（图三）

在京都国立博物馆参观的同时，我们也发现博物馆在公共空间里辟出了专门的体验区，

图三 为特殊人群提供的如厕设施

138

由专门的志愿者服务，拿出复制品让观众近距离学习如何制作雕像、卷画轴和青铜镜的体验，让观众能更直观地感受文物。这样的举措值得我们学习和借鉴，能够进一步提升博物馆的教育服务功能，希望可以在未来上海博物馆东馆得到实现和完善。（图四）

图四 体验活动

二、日本企业的管理方式和文化

此次学习考察，与同道就日本工会组织发展状况、劳动争议调解及处理机制、博物馆行业人才培养框架进行了交流和探讨，对奈良国立博物馆的用工模式、用人机制、员工福利有了初步的了解，对日本的企业文化有了切身的感受。

在日本交流学习，给人印象最深的是日本国民的勤奋、严守秩序、彬彬有礼和细致敬业，其作风值得我们学习和借鉴。日本企业的管理方式和文化，融和了东方传统文化和西方现代管理理念的优点。既注重以人为本，劳资和谐，又强调严格管理、规范制度。其中主要有三个要素：

1. 团队精神是日本企业文化的重要特征

日本企业重视团队能力，管理层人事选拔都是阶梯式的。对员工实行长期考核和逐步提升制度，在经历了下一级的各个岗位实践考核后，可机会均等地获得逐步晋升，这使每个员工都能制定和看到自己的职业生活奋斗目标，获得充分的满足感、归属感。要成长为一名受重用的优秀员工，要经历多种岗位和工种，虽然有些工作貌似琐碎无聊，与企业似乎无关，但能否安心兢兢业业地做好这些工作，是企业考察员工的适应性与团队意识的重要手段。同时日本企业极为重视对员工的终身培训，使其不断提升工作能力与素质。

2. 终身雇佣制

日本企业大多采用终身雇佣制，企业家认为与其以"炒鱿鱼"这种大棒来威胁员工，不如把员工当成企业的主人，形成员工与企业共存共荣的依存意识，更能激发员工的责任感、积极性与创造力。因此，这种企业文化已将日本企业变成了劳资双方的利益共同体和社会生活共同体，使员工对家和国的忠诚变成对企业的忠诚。这种长期终身雇佣制将企业与雇佣者的利益统一起来了，很好地缓解了西方企业普遍存在的"劳资矛盾"这一难题。

3. 日本的企业工会

日本的企业工会不同于西方工会。西方工会和企业管理阶层处于对立状态，而日本企业工会却和企业管理者的目标是一致的，基层工会与企业管理者是同一命运共同体。因此，工会虽不参与企业的经营，但工会也要对企业的经营状况、财务状况起到监督的职能，以防止经营者滥用职权，损害职工的利益。当企业遇到困难时，企业工会也会采取办法，鼓励员工为企业尽力。这一点与我们"国企"工会的性质有许多相近之处。

企业文化是企业中除人、财、物之外的第四种重要资源，是企业发展的精神动力和思想灵魂，也反映了企业管理者和员工的文化素质和精神追求，可以说是一个企业的核心竞争力。日本的企业文化和管理中更多体现了以人为本、以国为重、集体主义……（图五）这样的内涵，与我们国企文化理念有许多相似之处。

图五 和谐的团队氛围

三、博物馆展陈设计的思考

　　日本博物馆的陈列向来以精致著称，这次交流学习的博物馆主要是奈良国立博物馆与京都国立博物馆，两馆的陈列设计和上海博物馆的陈列设计完全是两种不同的理念，主要是结合我馆展厅的灯光设计现状与日本博物馆的灯光设计对比后做一个系统的考察。

　　奈良国立博物馆佛像展厅是以1894年落成的奈良国立博物馆本馆建筑为基础改建而成的，此建筑本身就是日本重要文化财产，其中展示了从飞鸟时代至镰仓时代之间的日本优秀佛教雕刻作品，同是还展示了中国、韩国、印度的一些佛像雕刻作品。我们可以从照片上看到，由于自然光的引入，使得整个佛像馆非常明亮，视觉感官上让观众非常的轻松，没有暗光线展厅带来的压抑感。我们也可以观察到，虽然是引入了自然光但并非是太阳光的直射，而是通过建筑结构上的二次反射让自然光在展厅中形成了漫反射，这种做法对于大部分展品是木刻彩绘佛像的奈良佛像馆来说是一种非常好的照明保护方式。白色宽阔的展厅、柔和的光线，这样的设计手法非常有效的突出了佛像作品给予观众那种祥和宁静的感觉。（图六）

图六 引入自然光

　　但是通过仔细的观察后，我们发现这个展厅的照明设计并不是简单的自然光漫反射，自然光在这个设计中就好比是

图七 横梁结构中的射灯

141

图八 特别的LED灯　　　　　　　图九 展厅灯光的运用

绘画中的基础色调，其中还会有一些精彩勾勒的笔触来表现细节，我们可以看到在展馆的顶部有很多这样的横梁结构，在这些结构的间隙中藏了很多射灯，对于一些精彩的重点文物的细部刻画比如佛像的面部以及精致的花纹等这些射灯起到了非常关键的作用。（图七）

对于一些小的雕刻作品以及位置较低的细节，馆方也做了照明设计上的考量，照片上可以看到这样的一根细金属杆，这是一盏特别的LED灯，也是通过二次反射将光线以窄角度光束的形式投射到需要表现的物体细节上。展柜中每隔一段间距就会有一盏这样的灯，金属杆是可以伸缩的，在不需要的时候可以完全隐藏在展柜平台内，这种照明方式在运用性上非常的灵活多变。（图八）

京都国立博物馆展厅中庭所陈列的文物大部分也是佛像雕刻，相对奈良来说，京都的展厅环境光照是相对较暗的，所有的光线都集中在柜内和文物本身。这种照明设计方式给予观众的感受是和奈良完全相反的，刻意地去营造一种神秘的舞台效果，将佛像的庄严、金刚的不怒自威刻画得淋漓尽致。根据京都同行的介绍，这些佛像的照明就连影像投射在背景板上的位置和形状都是经过仔细计算和设计的，我们也可以看到京都方面在展厅中也做了用不同色温的射灯来表现一尊佛像的尝试。（图九）

在交流的过程中，我们发现了一个比较有趣的装置，京都国立博物馆的陈列设计师认为自然光是表现文物最好的光源，他们凭着这样的理念，设计了如图的一个照明装置，运用4000k色温的OLED面板加上光栅，来模拟一个垂直的自然光漫反射。在这个面板的周围通过机械臂形式连接的射灯，这样就可以兼顾到重点细节刻画的照明灯光。整个装置非常纤薄，在环境光较暗的展厅中隐藏性也非常高。（图一〇）

相较日本两馆的灯光设计，我馆展厅的灯光设计与京都国立博物馆有相似之处，都是环境灯光相对较暗，集中光照在展柜中的文物上，这样的灯光设计不但能很好地把观众的视线集中到展示的文物上，又能为文物营造出沉浸的氛围。然而这样的灯光设计也是有弊端的，在强调文物本身照明的同时使得与周围环境的光照对比过强，观众长时间的观展过程中会产生视觉疲劳，再加上走出展厅后室外光线变强，会使观众产生不舒适感。而奈良国立博物馆在光照对比的问题上做了充分的考量，先通过天顶的灯光反射赋予整个展厅一个均匀的光环境，展柜中也是如此，再运用柜外打光的方式将文物的光照提亮。如此的灯光设计形式使得观众在整个观展过程中视觉上不会受到光环境变化过大而产生的不适应，又把文物本身的细节还原在每一个观众的眼前，这种方法是我们值得借鉴和学习的。

　　大阪市立东洋陶瓷美术馆不但馆藏丰富，陈列设计也非常精致，设计理念很简洁、干净，陈列以突出文物为主，设计师的装饰手段又起到了画龙点睛的作用。（图一一）

　　这些是日本国立文化财产机构的一些展览海报。我们发现在日本，博物馆、美术馆之间的联动是非常主动积极的，每一个博物馆都能够取阅到其他展馆即将开幕或者正在展出的展览的海报信息，给我们的感受是博物馆之间一种友好的、互相扶持、互相进步的态势。今后中国博物馆之间的联动机制也会向着这种积极向上的方向去前进。（图一二）

　　上海博物馆和日本博物馆之间的的管理体制、人员配置、工作重点存在诸多不同，但日本文博行业工作者对自己所从事的事业的专心和用心，以及对本国文化根深蒂固、发自内心的热爱值得我们学习借鉴。新时代的文博人将继续对标国际高度，发挥自身所长为博物馆的

图一〇 特制的照明装置

图一一 简洁、干净的陈列设计

图一二 各文博机构的海报互动

事业发展添砖加瓦，做出应有的贡献。

浅谈借展品的管理与利用

——参加第六届博物馆专业交流项目有感

2019年3月赴中国香港地区、日本交流考察　尤然

2019年3月，我参与了由北山堂基金赞助、中国香港中文大学文物馆主办、日本大阪市立东洋陶瓷美术馆协办的第六届博物馆专业交流项目。（图一）本次交流以展览策划与典藏管理为主题，汇聚境内23家博物馆的藏品管理人员，赴中国香港地区和日本大阪、京都、奈良等四地的12家博物馆学习先进工作经验，并共同探讨了藏品管理工作中遇到的诸多新问题及值得关注的新议题（图

图一 第六届博物馆专业交流项目合影

图二 研讨会场景

图三 日本国立民族学博物馆河合洋尚教授授课

二）。在这些议题当中，"借展品"一词高频出现，聚焦了大家的目光。

博物馆界长期存在着"先有博物后有馆"以及"收藏是博物馆心脏"的传统观念。（甄朔南《新博物馆学及其相关的一些问题》，收入《北京博物馆学会第三届学术会议文集》，2001年）但伴随着物质文明和精神文明的进一步发展需要，博物馆的形态和内涵也逐渐发生了变化，由静态展出永久收藏品的收藏机构转变为动态教育和文化普及的中心，收藏研究退居次要地位。日本国立民族学博物馆的河合洋尚教授提出，依托于博物馆的研究成果应该还给社会，在这个过程中，藏品管理承担着连接起研究与展览的重要作用。（图三）

在过去的几十年里，博物馆以举办常设展览为主，馆与馆之间很少联动起来举办特别展览，藏品外借用于展出的次数也并不频繁。但在近几年中，公众对于展览的需求大幅度增长，策展人的视角变得更加多元化，单一博物馆的藏品开始难以支撑整个展览的需求，文物因此而流动起来。借展与巡展的增加表明博物馆展览活动有了更大的活力，但藏品的利用总伴随着风险，频繁的外出展览必然会导致藏品加速劣化，加剧保管与利用之间的矛盾。我们应当对借展品的管理与利用予以更多重视。

一、借展品的管理与保护

藏品管理的目的是为了延长藏品寿命，以便于进行更长久的利用。与之相对，管理和保护好借展品也应当是藏品借展工作的核心和根基。如果藏品在借展过程中遭受损坏，那么文物交流与展览也就失去了赖以进行的必要条件，同时更失去了意义。不但无法实现通过交流、扩大文物利用价值的目的，而且还令藏品遭受了无法挽回的损失。

1. 借展前的评估和检测

研究和评估藏品即将承受的各种压力和损伤风险有助于我们采取相应的控制及保护措施，以最大程度地减缓文物的衰退过程。在接到对方博物馆的借展意向函之后，我们应对这件藏品的"档期"进行详尽的查阅。既要确保距离上一次的展出间隔了足够的时间，也要核查后续的借展意向，合理安排藏品的借展安排，避免产生冲突。每件藏品在外借展出后都需要一段时间的"休养"，使其所处环境的光照、温湿度等各项指标都恢复到长期以来的稳定状态。日本大阪市立美术馆以书画类藏品为例，严格限定借展品的外借时限不得超过三个月，归库后的休养期不得低于两年。（图四）

在确定了借展品的档期安排后，还应对其现状进行一次全面检测，重点排查是否有需要在借展前进行修复或加固的情况，并根据处理意见判断是否来得及在借展前完成相关修复。同时，也应在此阶段预判展览时是否需要借助支架等辅助品。

2. 展览中的保护

近几年，我国博物馆对库房硬件设施的建设都给予了很大的投入，库房内的藏品管理也日趋

图四 在日本大阪市立美术馆学习

规范化、科学化，相较而言，为了举办临时展览而一次性搭建的临展厅不论是在硬件还是在管理人员对借展品的了解程度上都远远无法与之比拟。这就造成了有些展览在运输阶段对于借展品的保护十分有效，但当其抵达目的地后，后续的保护工作无法到位的情况。这种利用和保管的脱节非常容易造成对藏品的损害。

事实上，在签订借展协议后，藏品安全的责任方已经转移到了借入方。但是出于对本馆

图五 日本大阪市立东洋陶瓷美术馆的隔震装置图示

图六 日本美秀博物馆的支架

藏品负责的考量，借出方不应对已借出的藏品撒手不管，而是要尽可能的参与到展览中，提供技术指导，协助借展博物馆完善对借展品的各项安全防控。例如，对借展博物馆展厅的防火、防盗、防震、防尘、防潮、防虫等布陈条件进行检测，并给出相应的布陈意见和温湿度等技术参数；对借展博物馆的安保和运输方案进行审查，做出更有针对性的防控预案。

因为自身出于地震多发地带，日本的博物馆行业对于借展品的抗震问题尤为重视，长期致力于提升展柜的避震性能。日本大阪市立东洋陶瓷美术馆的收藏方向以陶瓷器为主，他们在展柜中加入ASTCR隔震装置，能够保障在地震时展品前后、左右、上下均不产生摇晃。（图五）

除了隔震装置，借助支架也能很好地保持借展品的稳定性。不同材质的藏品需要借助不同材质的支架来进行展示。一物一架，做到支架随型，让置于支架上的藏品受力均衡，不会在某个点上承受过大的压力。藏品在库房中摆放时并不需要考虑美观的因素，但是为了展出时能让观众能够更直观立体的理解这件藏品，支架应尽可能避免对观众产生影响，这就需要我们在制作的时候兼顾其隐形度。怎样能够既安全又美观的去展示一件藏品，是需要藏品保管人员和展览陈列设计人员共同探讨得出来的。日本美秀博物馆在这方面做出了很多实验性的新尝试。（图六）

3. 动态保管

除了静态保管即藏品在库房、展厅中的保管以外，动态保管也逐渐升级成为文物保管工作中的一个重要环节。藏品在馆内的包装、移动以及在馆际之间的运输都应划入动态保管的范畴。

在对借展品进行动态保管时需要重点预防机械振动所造成的损害。要对借展品的囊匣进行检测，确保它的完整性和坚固性，并适当的进行加固或填充。比起长期置于库房的藏品，借展品所需的包装材料更加追求安全、方便、体积小以及不易损坏。日本的博物馆行业对于借展品包装的选材都非常重视，会支持厂家、工坊进行深入研发。日本奈良国立博物馆的工作人员更是专门向我们展示了他们为借展品配备的囊匣及包装材料。（图七、图八）

这些特制的用于运输的文物箱及包装材料可以反复使用，以备再一次的借展或是长期巡展使用。包括中国香港文化博物馆在内的许多博物馆开始陆续辟出空间，为其建造专门的展品箱仓库。（图九）

另外值得注意的是，在运输过程中文物箱有可能会受到冷热空气的影响，应当将文物箱在展厅放置数小时，使文物箱内的借展品逐渐适应房间的环境条件。虽然藏品的借入方和借出方都希望尽早检查核对借展品的现状，确认其安全情况，但为了保护藏品，我们仍旧应当尽量延迟开箱，以减少因为突然开箱所造成的温湿度改变对藏品产生影响。

图七 日本奈良国立博物馆包装材料

图八 日本奈良国立博物馆包装材料

图九 中国香港文化博物馆展品箱仓库

二、借展品档案的管理

图一〇 美国纽约大都会博物馆叶惠玲授课

藏品档案的产生来源于博物馆的各项业务活动，反过来又为博物馆的各项业务活动提供数据支撑。它的来源分散、涉猎面广，需要我们进行长期收集。而在藏品档案中，进出库的数据是最为特殊的。如果说藏品帐是藏品的户口簿、身份证，那藏品的进出库档案就相当于是它的履历表，上面的内容不是一成不变的，而是持续增加的。我们应将每件借展品的进出库情况都予以记录，并综合起来形成文件材料。这份材料既可作为藏品管理方面的原始凭证和真实情报，也能用来支撑馆内其他部门进行相关研究。

美国纽约大都会博物馆亚洲艺术部典藏主管叶惠玲在分享藏品管理方面的经验时再三强调："藏品管理部门掌握所有藏品资讯，其中就包括了维护与利用情况。需要确保的是馆藏数据的可用性与便捷性，能够迅速地提供最新的资讯给到策展及支援部门来进行使用。"（图一〇）

想要确保借展品档案的可用性，就应及时、准确的记录下借展品进出库的具体情况。而要确保其便捷性，则应在纸质档案的基础上建立数字化借展资料库。伴随着藏品系统数字化的升级，国内许多博物馆也开始实验性的创建和使用借展资料库。山东省博物馆按照"提出外借申请（清单、时间等信息）—保管员（研究人员）确认借出情况—领导审核—文物修复部门给出意见—出库签字（借用人、保管员录入指纹）—形成点交册并打印出来"这样的动线来进行设置。我们可以在展览前期把借入方需要的小说明、高清图像等资料作为附件收录，在展览中后期将借展品相关的解说资料、宣传信息、展览引导图、教育活动、展览图录及观众人数等数据资料全部收入借展品资料库。

通过这些档案资料，我们可以准确、客观地记录不同时代不同地域的观众和学者对于藏品的理解与评价，也能以此为依据来分析哪些藏品可以进行重点展示，以增强宣传效果，更好的提高藏品利用率。这对于藏品的长期利用、科学保护和综合研究都具有极高的价值，故而，目前各馆对于藏品进出库档案的态度也愈发重视。

三、借展品对于博物馆的价值

国际博协将"博物馆藏品架起沟通的桥梁"作为2014年国际博物馆日的主题,凸显了展览的重要性。想要架起沟通这座桥梁,就要以藏品为载体,通过研究与解构,向公众展示并传达其背后所蕴含的历史、艺术、文化信息。要尽可能多的将久藏于库的文物应用到适合的展览里,送往世界各地,呈现给不同文化类型、不同社会背景的公众面前,真正做到"让收藏在禁宫里的文物、陈列在广阔大地上的遗产、书写在古籍里的文字都活起来"。

1. 增加宣传新方向

过去博物馆展览的主要方向是常设陈列,往往会将宣传资源倾斜向中心展柜的几件藏品,将其打造成"明星展品"。由于常设陈列的展览主题不会进行变更,"明星展品"也鲜少换展。长期以往,"明星展品"影响力巨大,会造成观众在观展时将目光主要聚焦于它们,而忽视其他展品的现象。有幸的是,近年来特展数量增多、内容也百花齐放,给这些往年被摆在展厅角落甚至是常年藏于库房的"非明星展品"搭起了一个新的展示平台。

这些"非明星展品"经过策展人不同角度和主题的诠释,呈现出不同的风采,为观众留下更为深刻的记忆点。经过慎重的评估和检测后,积极参与各馆策划的特别展览,能够更好的宣传馆藏文物,让它们更多的走进公众视野。给博物馆的宣传提供了新的方向,也有助于公众发掘博物馆的更多闪光点。

2. 增加文化输出

中国香港艺术馆馆长邓民亮在资深博物馆人对谈环节中提到,"博物馆应该有效地运用资源,发挥协同效应,使展览、购藏、研究、教育、推广等工作产生相互扣连的影响力。"(图一一)国内公众对于参观博物馆的热情日渐高涨,但即便如此,地域的限制仍旧给博物馆的宣传造成了很大阻碍。并非所有人都会主动选择前往另一个城市观看展

图一一 中国香港艺术馆馆长邓民亮授课

览,很多时候,大家对其他省市博物馆藏品最初的直观印象都源自本地博物馆举办的某场特展。这个时候,特展中的借展品就代表了借出方博物馆的形象。

事先查阅借入方的展览大纲,尽可能选择那些更能体现本馆藏品影响力的特别展览。使得本馆藏品或是能够填补展览内容上某一块空白,或是能够放置在中心展柜、得到详细的讲解说明,这样的举措可以加深观众对于借出方博物馆的印象,为借出方博物馆争取更多的潜在观众,也便于其进一步的文化输出。

参加第六届博物馆专业交流项目期间,行业内的各位资深前辈向我们分享了许多藏品管理与展览策划中产生的实际问题及解决方案,业内同仁也就这些问题交流良多,给我带来了很多新想法和新思路。我们不可能让时光倒流,使博物馆减少或取消展览并重返至以收藏为主的时代。([加]Nathan Stolow著,宋燕、卢燕玲、黄晓宏等译《博物馆藏品保护与展览——包装、运输、存储及环境考量》,科学出版社,2010年)如今的展览活动比过去的任何年代都更有活力,我们更应当为此携起手来,致力于从事建设性的工作,将藏品管理工作打造成一座文物与展览间的坚固桥梁,以更好的解决保存和展览间的冲突。

关于染织绣服饰文物研究、保护、展览和文创一体化方案的思考

2019年3月赴中国香港地区、日本交流考察　于颖

在博物馆的古代染织绣类纺织品和服饰的研究领域中，一直以来都非常关注对于文物的保护。作为脆弱文物，它们受光照易老化分解、易虫蛀霉变、不抗弯折易纤维断裂等，需要相对严格的恒温恒湿条件，还要适当的通风除尘环境。特别是那些年代较早的出土文物就更为脆弱，从出土保护开始就必须注意到它的性质特点，以便妥善保存。

作为美丽代名词的"锦绣"和民族自豪感载体的"华服"已经成为人们所喜爱和追崇的事物。随着"一带一路""江南文化"，还有"海派文化"的倡导，丝绸文明和中华服饰成为古代文明中值得让我们中国人引以为自豪的重要象征之一，这已经得到世界范围内的广泛认可，特别受到青年人的追崇，甚至于有"穿着华服去逛博物馆"的潮流。随着人们想看一看古代丝绸和服饰日益迫切的需求，更有甚者是华服粉丝们的迅速成团，对于古代华服美的体验感也日益高昂，甚至成为了媒体热点。毋庸置疑的是，博物馆中的藏品应该呈现出来，来满足日益增长的精神文明需求，同时可以使周边文创得以迅速发展起来。

为了寻求在一个以策展为重要目标的工作中，如何将各个环节联动考虑，成为我现在和未来工作中需要进一步学习和思考的内容。通过上博培训安排和领导的支持，我得以参与2019年度

图一　在日本奈良国立博物馆合影

图二 在日本京都国立博物馆合影

图三 在日本国立民族学博物馆交流发言

图四 在日本大阪市立美术馆提问并交流

图五 在日本大阪历史博物馆交流发言

图六 在日本美秀博物馆交流发言

香港中文大学文物馆承办的博物馆交流项目，时间为3月21日至4月11日，其中7日于中国香港地区，5日于日本，期间参观博物馆12家，聆听专题讲座14场，参与专题讨论16场的学习。（图一至图七）

图七 在日本京都国立博物馆交流发言

图八 微型展策展报告会

图九 美国大都会博物馆叶惠玲女士专题讲座之后开展小组讨论

图一〇 微型展览策展小组讨论会

图一一 笔者与美国大都会博物馆专家叶惠玲女士交流后合影

图一二 在日本博物馆际接驳大巴上参与回顾交流

在交流项目中最有学习价值的就是参与小组自主策展项目，我有幸被推选为组长并积极组织开展相关策展和答辩汇报工作。（图八）通过整个交流项目的学习，从理论上首先了解海内外发达地区博物馆对于文物流转展陈过程中如何应对多环节的协调工作，确保文物安全的各项工作实践过程和经验得失。再通过和同仁们一起开展策展实验，模拟策展所经历的各个环节，从主题、大纲到文创，甚至整个营销推广活动都成为策展人所需要考虑的范畴。（图九、图一〇）为期短短的12日学习，未有一刻停息，甚至在大巴上都开展回顾讨论，并且还安排熄灯前的小组课题讨论和PPT汇报制作和排练。（图一一）带着关于染织绣服饰文物如何在策展的整个过程中的展示与保护兼顾的问题，我在这一系列培训交流活动之外，寻找一切机会去与海内外专家交流，非常珍惜上博提供的机会来学习和进步。本文就此次交流项目于此的学习心得和思考作一个总结。（图一二）

一、策展是基于研究深入而后浅出的成果展示

在此次交流项目中，由随机选取的5位来自不同专业背景的文博同仁，组成一个小组来完成一个自主选题的小型策展活动，作为项目汇报总结内容。这次虚拟的策展活动在整个交流项目中变得极具挑战性。作为组长，我考虑到各个组员的知识结构背景相差颇大，最终决定将文物为中心的策展转换成以文化价值观为中心的策展，用来统一策展思路和平衡分配工作。组员们按照原定的文物资源方——香港中文大学文物馆藏印来构思展览方案，希望能形成一个以青少年为目标参观者的极小型展览，并且寄希望能推进到社区中去，特别是中小学的传统文化教育中去，故而还设计了相关的互动活动和文创产品。这个小型的策展活动具有一定的颠覆性，以至于参会专家对于策展汇报的内容持有两种截然相反的评价。这的确是一次很好的尝试，能够听到两种不同的声音。两种不同评价都值得让人反思，也是当前新形势下两种不同的需求和价值取向发生的碰撞。

1. 以文物为中心的策展导向的价值观是传承至今最经典的展陈叙事体系

所谓创新，是必须在传承有力的前提下进行的新思路和新方法上的推陈出新，而非凭空脱离文物本体进行切断式的故事叙述。也就是说，展线上的文物背后的故事并不仅依赖于展板说明，而更加在于文物之间内在的联系以及给予观众思辨空间的暗示和启迪。给予观众一种观展之后的审美愉悦之下引导出自然而然的探索意识，在这种探索意识下由经微小的明示或暗示，形成自我体验和学习下所悟出的真理。这是博物馆参观者通过静止的文物陈列观览中所获得的欣喜感，是以文物为展示核心的策展经典思路。

所以说，博物馆一直以来都是营造一种静谧的、睿智的美学氛围。这种最为经典的展示方式作为博物馆的底色是不能动摇的，故而即使在选择动态的展示手段也是以默片的样式来进行的。博物馆的空间给人以静思和放松，就如同人们人生重要节点所需要的回望和思辨。而博物馆所存

放和展示的就是人类需要通过触动心灵的文物来回望历史和思辨人生的静态空间。而策展人就是那个给予空间藏物设计，引领人们进行回望和思辨的空间体验的设计者。

2. 深入研究文物和发掘文化内涵是相辅相成的关系

人们在博物馆里瞩目的是文物，回望的是历史，思辨的是文化价值。选出那件集万千宠爱于一身的文物是展陈的核心。要能找到这件至关重要的文物，就需要深厚的研究功底，才能有所创新发现，才能引发新一轮关于文化、艺术价值和意义的合众思辨。新的重要的文物被不断发掘出来，通过研究是最为有意义的，策展工作中最具有生命力的就是研究新发现所带来的启示。深入越好就越有内涵，引人思辨的角度越多，产生的思辨共鸣就越深远。文物在博物馆空间中经不同观者的眼中产生不同的星光，最终变成一件爆款就是基于这种深入的价值发掘。比如上海明墓出土的一条蓝白花纹的栽绒棉毯，经深入研究之后发现是唯一一件出土的苏松匠织栽绒毯，纹样和工艺都源自于陆上丝绸之路。所以说，可靠可信的研究文物的价值是策展新意和价值最根本的依托。经过刻苦和深入的研究，才能发掘出那件具有重要展示价值的文物，而由此展开文化探索具有意义。

在文物的纵横研究过程中会引发思考，而这一系列基于史实的思考能够归纳出历史认知和认同，探寻出历史发展的线索并对现代生活有着启迪。而这种启迪反过来也同样促进研究向更深入和更广阔的空间发展，不断丰富着研究目标文物内容的时空分布。比如对于染织绣服饰文物中的纹样研究就存在着由历史文化引起的广泛的时空关联，特别是就中西交流历史中的艺术文化价值取向对于促成染织绣图案发展变化和地域差异有着深刻的动因规律。所以在通过展览来解读和阐述文物的时候，如果以历史文化为内在线索来设计布局，则更能让观众读懂展览的意义和价值导向。

3. 文物研究深入之后的浅出表达成为展览策划逐渐成熟必经之路

文物深入研究之后的表述是有着专业规范的，用的是简练、精准和中性的词汇。而这一系列语言体系对于策展过程中的表达、沟通和演绎是要向着有利于传播的方向去调整的。所以说策展过程中，还必须存在一个环节，这个环节有时候是来回碰撞而充满矛盾的。这个过程中参与讨论的组员，必须是在平等对话过程中来实现共识，也就是说专家角度和大众角度的融合和再创建。在交流项目中的汇报会就是一种相类似的碰撞过程。这个过程中会遇到不同的意见和建议，批评或者肯定。有关文物本身的内涵界定必须得到尊重，而发掘以此为核心的文化线索可以丰富展览内涵，进一步发掘文化之间的古今联系，则是浅出过程中的附加产出。后者被当下年轻人所重视起来。对博物馆关注的年轻人不仅满足于欣赏文物，更要求体验文物，通过文物来回望历史中的生活情趣，品味和体验一种穿越时空的快感。由一种角色代入来感知历史和文化，从而获得精神上的满足感。举一个例子，欣赏古画的过程，前人以欣赏、收藏和临摹来作为一种乐趣，而现在不止如此，要穿越到画的世界和意境中去体验。如果是服饰，那就是要穿着来生活，至少在一些重要的场合要穿用，这样能带来强烈的喜悦之情并能提升仪式感。

所以说，文物背后的故事不仅仅在于"知"，更在于"行"。讲故事只是让观者了解知识，提高兴趣，而让观者获得"行"的体验则是在一个新的层面策划展示文物，从而引导和启迪人们来认同文化价值，这才是有意义的。在这个需求之下，文创产品就显得尤为重要，必须和浅出环节一并进入策展流程。

　　在此次整个交流项目中的小组策展环节中，我从得失中总结以下几点，归纳起来就是：博物馆策展以文物为导向来阐述文化价值，就必须有扎实的文物研究根基，发掘出重要的文物藏品，从而以此为基础构建策展思路，此时是可以深邃而理性的，形成策展思路和构建坚实的框架。然后进入浅出环节，需要大量接受到来自与观众群体密切接触的团队反馈的重要的信息和舆论导向，来形成具有吸引人的叙事线索，具有感性的故事体系和市场营销的基本框架，才能最终演绎好一场展览，满足人们的观展新需求。

　　对于此观点深刻认同后，我针对染织绣服饰文物为主要类别的策展作了进一步的专题思考。

二、染织绣服饰作为脆弱文物展览面对的各种困难和应对方案

1. 照度要求与展厅观赏之间的矛盾和应对方案

　　染织绣品最大的魅力所在就是纹样丰富、色彩绚丽。然而它们对于光的敏感度也很高，这是因为光具有能量，能加速纤维老化，并且促使大部分的染料发生光解反应，导致褪色或变色情况发生，发生变化的时间非常快。这也就是为什么大多数以纺织品为主题展览的展厅内都显得很幽暗。这种情况往往会影响到展览的吸引力和文物欣赏的体验感受。这个问题我在国内外博物馆展厅调研中一直关注着，趁交流会我也持续发问。总结出大致有两种方案，两者也可以结合一起使用。一种是展厅整体照度低，展柜中照度符合文物安全情况下相对明亮。还有一种是逆向思维法照明，就是灯光可以从文物底下往上，沿着文物轮廓勾出灯带，整个展厅和展柜都是比较暗的，从而兼顾文保和照明。这种方式在湖南省博物馆马王堆文物展厅和山东省博物馆明代服饰文化展中被应用。

2. 文物高精细度和观赏距离之间的矛盾

　　染织绣服饰文物历来以精细纹样为特点，染色晕纹、织物组织结构和刺绣针法只有在近距离和显微条件下才能观察和欣赏到精髓部分。然而展柜玻璃隔开的一人宽距离是为方便文物布展，这是众所周知的客观条件，再加上前文提及的照度限制，在一般展览环境中要看清楚染织绣品是很困难的。就此而言，目前有两种可行方案：一是缩减展柜深度；二是放大文物细节。前者是改变打开展柜的方式，比如正面玻璃是可以打开和推移的，这在日本博物馆中有见使用，但局限在

于遇到宽度非常大的染织绣服饰就无法实现。后者可采用的是通过局部放置放大镜来得以实现，而特别细小组织结构的文物就必须采用高清照片来辅助呈现。若为能进一步提高展示效果来吸引观众，还可以采用3D复原技术，甚至以动态视频展示出效果。

3. 脆弱程度不同、规格差异大对于展示摆放操作要求甚高以及空间选择之间的矛盾

染织绣服饰文物的类型具有多样性。就尺寸而言，小规格的有指甲见方的残片，而大尺寸的有供宽阔的厅堂用地毯。就常见类型而言，既有和书画装帧相类似的织绣书画，也有包括袍服、裙裤、靴帽和香囊饰品等日常服饰穿戴，以及有包括床上用品等各种家居铺垫和壁挂等等各种家居软装，还有成卷或成匹的未制成最终用品的面、里料等等。而更多的则是大小不一、形状各异的各类品种残片。所以说统一而规整的展柜显然满足不了不同类型的染织绣服饰品。不仅如此，由于作为脆弱文物，不同时代兼顾不同类型的染织绣服饰品的情况也不相同，展示的限制也相差甚远。比如大部分出土丝织品比较脆弱，绝对不可悬挂，只能以平展或者是有一点倾斜度斜板作为展台来展示。展开后宽大的服装也需平展陈列，即便是看起来强度甚好的清代服饰，也需要平展而不可悬挂，以免肩线处开裂和大襟纽襻断开，特别是里衬丝帛易开裂和盘金线易脱线。如此一来服饰展示效果就相对削弱了，对应的方法除了高清照片立起来作为效果补充之外，还可以进行3D立体穿衣效果进行还原再现。这种展示方式近日山东省博物馆已经在明代服饰文化展里实践。如果能进一步以动态走秀的方式实现虚拟化展示，甚至配以故事情节和场景的短片或许会更有沉浸式的观展体验，以满足观展体验需求，这一个设想可以参考上海迪士尼乐园城堡内"漫游童话时光"项目的设计。

4. 温湿度限定和观展舒适度之间的矛盾

染织绣服饰展品限制的温度在20-22摄氏度，相对湿度在55-60%，这种环境相对于人体而言体感偏冷，再加上照度低而显得又冷又暗。这个温湿度一般来说是具有科学性的，所以如果能够兼顾到展柜中的微环境温湿度控制，采用能够保湿保温的材料作为柜体，或许可以实现微小文物环境的控制来确保安全，而在灯光照明上采取非偏冷的光源。

三、文物展示前的预防性保护措施和展陈过程中保护同样重要

为了更好的展示文物，也同时要考虑到预先提取文物和布展过程中的文物安全。其实在整个策展过程中，文物也会涉及到多次提取，包括研究提看、高清摄影、现状点交和布展操作等。在这些过程中就需要考虑到文物的提取过程中要尽量减少直接接触文物来降低风险，而应提供更

图一三 日本奈良国立博物馆专家介绍并展示文物仓的建设和布局

图一四 日本奈良国立博物馆专家介绍并展示文物包装和展陈辅助台

多依赖于文物随型特定的包装，避免直接上手的设计将更能更好地妥善存放和提取文物。这个思考是我自日本奈良国立博物馆的交流会谈中深切感受到的。（图一三、图一四）虽然对方是就绘画藏品为例来展示文物存储和展示一体化设计的各种巧思来为例，但从共通的文物脆弱属性上来思考，是令人深思的。更进一步而言，如果能设计一套提看—存储—展陈一体化的文物展前预防性保护的措施，给予文物在整个展览策划至实现的妥善保护应该植入博物馆工作者的思维模式中去，将是非常有意义。如果眼光再放的远些，还能大大降低外借该类文物时，随展人员若不熟悉染织绣服饰文物属性去布展时所遇到的风险。

四、文物复制促进文物和工艺遗产保护的重要性

过去直至现在，文物复制对于文物研究和保护都非常重要，并经常用于重要且脆弱的文物上。比如新疆出土的汉代"五星出东方利中国"云气文字锦就曾经复制过两次来用作替代原件来展出，起到保护重要原件文物的作用。这一类复制的原则在于以完全复制出原件文物的形貌特征，可以说是逼真为目标来制作替代品。

文物复制还能促进研究，特别是纺织品的技术和工艺研究可以通过复制来再现，服装的制衣工艺，包括裁剪、制板和缝纫等工艺研究也同样可行。这一系列的文物复制所需要还原的工艺研究和实践，又在一定程度上促进了染织绣类非物质文化遗产的进步，在某种程度上是一次再传承的过程。通过艺人经过复制的体验可以对自身技艺的继续发展延伸有着重要的启示作用。比如我国比较早进行的上博明代顾绣的复制，后续故宫博物院也跟进过。这对于20世纪60年代的苏绣发展就是一次重大的促进，苏州刺绣研究所的艺人们参与复制，并总结心得体会后撰文发表并传授学徒，由此促成一批国家级苏绣工艺大师。这是将明代顾绣对于苏绣的影响又进行了仿佛是历史

跨越时空的再一次传承。此外，还有故宫博物院委托北京宫毯传承单位复制盘金银线栽绒毯，通过复制实践，研究破解了关键的织毯技术，并将已经失传的盘金线工艺复原再现，同样实现了新一轮传承，不仅为展陈提供新的展品，促进文物保护的同时，也一并促进了非物质文化遗产的留存和发展。

五、文物复原研究和文创并重的可能性和价值

通过还原文物的当时形态为目标来重塑物件，将破损、褪色、污染的文物进行恢复和重建。复制文物的原貌具有还原历史情景的意图，是研究文物成果作为具象形式来展现，能让观众有一个感性认识文物历史原貌，并通过展现文物研究过程和阶段性成果来简单而直接地引导观众认知文物背后的故事。

1. 文物复原研究对于文物研究和展示的提升

文物复原性研究不仅能促使文物研究工作者更深入剖析文物本身，包括结构、材质、图案和用途等文物本体的历史信息，有更为广阔的关联对比研究，可以展现出纵横关联的内涵故事，有着求索和思辨过程。在分析和深入的过程中，给予人们历史和现在之间架起探索的桥梁。

文物复原研究有两种手段：其一是藏品的真实重建，比如重新复原古代面料，并按照当时的工艺进行裁剪和缝纫成一件新的服装。复原的过程是科学和严谨的，严格尊崇文物实物和历史记载的内容，能够准确反映出当时的形貌特征和细节，不同于一般的古装演绎。不同于文物复制，复原的服饰文物是尽可能还原当时的原状，比如褪色现状恢复成相对鲜艳的色泽，并将残缺的部分还原，最终成为一件新制成的古代服装。这种还原而成的服装可以进行多种形式展示，不仅限于一般陈列，还可以进行模特着装陈列，或者是真人着装走秀表演，并且还可以此为基础的虚拟再现于各种数字化平台。其二是藏品完全虚拟化重建，比如在织造条件局限情况下，为了尽可能保持复原服饰接近历史，用信息化手段重现文物的外观、结构和工艺细节等，甚至穿着的动态演示等虚拟欣赏文物，以一种穿越的概念来复原和解读文物本身的信息。例如本次交流中参观日本大阪历史博物馆中难波宫宫殿的复原展区，难波宫是飞鸟—奈良时代日本最早的宫殿。在复原展区中并列着许多直径达70厘米的朱漆大圆柱，柱子周围立着很多古代宫女和文武百官的人形，再现了当时宫廷内豪华气派的景象。真人大小的古代人像穿着华丽的复原服饰，让参观者身临其情，沉浸体验着历史情境。从这些华丽的服饰上，我看到了初唐的雍容华贵的服饰影响着飞鸟—奈良时代的日本，体验到丝路文化传播过程中中日互通的历史情节。这个场景成为大阪历史博物馆最具特色的展区之一。

2. 文物复原丰富展陈内容同时为文创提供素材

通过复原，可以丰富展陈文物的内涵，并且以此为条件，降低观赏者对于染织绣服饰文物，特别是出土文物现状和保护措施带来的不便，以及提高解读文物时，欣赏复原文物过程中的视觉美感，从而提高对原有真实文物展陈条件限制的包容度。如此一来，观众既得到了观赏古代服饰文物方方面面的获得感，从而在另一方面可以起到保护文物的效果，妥善处理好染织绣文物展览观赏获得感和文物保护安全性的辨证统一。

文物复原在某种意义上而言，即可作为文创品。这是因为它本身就是一件新作，也是完整和美观的。然而由于是以配合文物展陈使用，以逼近文物本身为目的制作的，属于顶级制作，所以说批量化生产是不可能的。从这个意义而言文物复原作品并不能作为文创，但是可以作为文创产品的母体。由于文创产品设计者不太有多机会直接接触染织绣服饰文物本身，故而获得的文物原始信息相对而言很少，这也是染织绣类文创产品难以有突破的主要原因。而复原文物相对较好的解决了这个困难，经过文物研究者的复原，大量的染织绣服饰文物信息被解读和还原，成为可视化的素材，甚至于可体验的物件，它的存在给予文创设计者最大限度的素材供给。无论是完全以文物复原物件为目标来展开生产，还是汲取某个或某些元素组合，都可以让设计者通过各种感官体验复原文物之后尽情发挥和再创作。如此一来所获得的文创灵感远远大于之前所能够提供的文物信息和内涵。

六、染织绣服饰文物的研究—策展—预防性保护—展示—存储一体化设计的重要性

基于染织绣服饰文物的特点，以研究为导向、策展为目标的一系列以文物安全为底线的工作展开，就需要全面一体地进行预先规划一系列具有密切关联性的预防性保护的工作。这一系列的工作从文物研究、拍摄、展示、存储一体化来考虑相关的文保工作。其中既要考虑到研究工作者的观察研究文物的需要，也需要考虑文物提取和布置展览过程中最少限度直接接触文物，包括移动、铺陈等操作，尽量设计具有合适规格的托板、支撑内垫等等装置来保证文物的安全，而这些辅助的装置必须达到材料安全稳定、力学结构合理、耐用性优越等综合要求，并且也需要一定的美学要求来适应展览需求，以隐形设计为最优，同时选取的材料必须与文物相对可分离，以免环境偶然变化导致不可控情况的发生。

这种一体化设计需要多个部门协调和配合，由文物研究部门提出，在研究文物过程中确定基本思路，随着展览的策划需求的提升，逐步确定保护的方案，与文保部门进行合作，共同确定保护的方案倾向，与陈列设计部门和保管部衔接和协商，从而兼顾文物储存和展示的双重需求，最大化降低文物的安全问题。在一体化设计过程中，将文物的展示分为多个层面，将复制和复原有

机结合，将实体和虚拟的展览手段分步和多角度阐述文物的本身和内涵，包括出土情况、修复过程、复原研究等，从库房到展厅中的各个环节都做到妥善保护，通过保护来优化展示方案，进一步又从展示方案的优化来促进保护。

小结

在参与的短短12日的博物馆交流项目过程中，本人对文物保管和策展的工作有了新的认识，并就自己专业领域进行深度思考，这些思考并不是独自琢磨，而是与海内外各界专家进行的多层次深入的探讨之后，再反复求证中逐步领悟。在此后具体的染织绣服饰文物保护和策展工作中随着条件和时机成熟，逐步推进和落实，以求知行合一。

韩国博物馆与瓷窑址考察

2019年7月、10月赴韩国交流考察 王建文

2019年，本人分别受邀赴韩国国立中央博物馆交流学习及参加学术会议，对朝鲜半岛的历史文化、制瓷手工业、博物馆藏品等有了切身的体会，对于中国与朝鲜半岛的文化交流也有较为深入的了解，同时也拓展了研究视野。

一、赴韩国国立中央博物馆交流学习的收获

韩国国立中央博物馆2019年博物馆界学者研究项目（Museum Network Fellowship）每年一次面向全球高校及博物馆招募学者，主要研究内容为韩国及东亚地区的陶瓷、绘画、考古等主题，目的为促进国外学者对韩国文化与艺术的研究兴趣，增加跨文化交流。费用由韩方承担，交流时间为7月7-20日。

本人在提交了各种申请材料后，获得对方邀请，报请馆务会审批通过。此次申请通过的学者共有14名，分别来自中国（包括中国香港地区）、英国、美国、俄罗斯、越南、哥伦比亚、阿曼等地。本次研究项目内容主要为韩国学者讲授韩国文化及为期三天的庆州新罗王国的田野考察活动。（图一、图二）

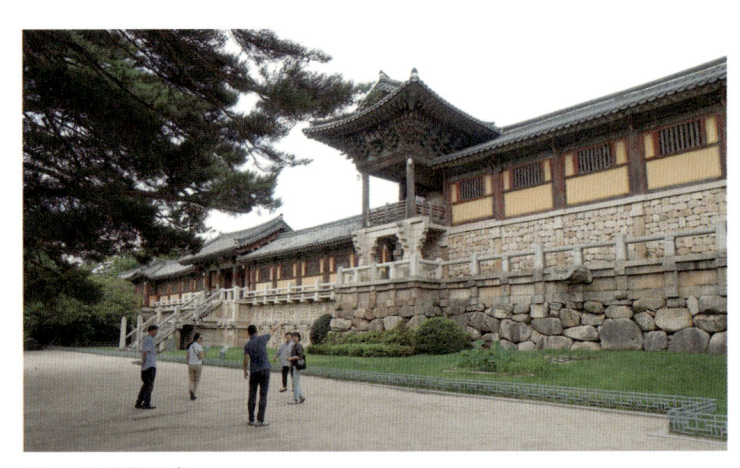

韩国学者讲课的内容分别为韩国国立中央博物馆介绍、韩国的佛教造像艺术、新罗王国的黄金艺术、高丽青瓷和粉青砂器、李朝时期绘画、韩国的特展等主题，在讲座的同时会在展厅观看实物。田野考察主要考察了庆州新罗王朝的几座皇家寺院，包括黄龙寺、佛国寺遗址与博物馆等。在考察结束

图一 庆州佛国寺

后，主办方安排了一个工作坊，选了7位参与者发表公开演讲，对博物馆员工及社会报名者开放。

我演讲的题目为《从出土瓷器探讨上海青龙镇遗址与东北亚地区的贸易》，演讲语言为英语，并同声翻译为韩语，这对我是一个挑战。经过充分的准备，演讲顺利完成，获得了大家的好评。

考察期间，我对博物馆收藏的中国陶瓷进行了比较详细的调查。从相关记录可知，大部分中国陶瓷出土于京畿道开城附近的高丽时期古坟，还有二百余件没有出土信息的文物可能来自于开城。开城现在属于朝鲜，曾是朝鲜半岛上第一个统一国家——高丽国（王氏高丽，918-1392）的首都——开京。（图三、图四）

韩国国立中央博物馆收藏的中国瓷器，按釉的种类可分为青釉、青釉褐彩、白釉、白地黑花、黑釉、酱釉、绞胎釉、绿釉、孔雀蓝釉等，按器形可分为碗、盘、盏、杯、壶、瓶、注子、枕、唾壶、香炉、盏托、雕塑等。

南方瓷器分为越窑青瓷、景德镇窑青白瓷、吉州窑黑釉器。其中越窑青瓷有十余件，数量较少，主要是五代和北宋的产品，以注子、唾壶等为主。

景德镇窑青白瓷有三百余件，器形多样，几乎涵盖了窑址所产的大部分产品，其中盒的数量最多。

吉州窑黑釉器数量较少，主要是黑釉玳瑁纹碗、剪纸贴花纹碗、注子等，年代为两宋时期。

对高丽青瓷有了初步的认识，它与中国陶瓷有密切

图二 庆州佛国寺塔

图三 参观韩国国立中央博物馆

图四 韩国国立中央博物馆藏新罗金器

图五 韩国国立中央博物馆藏高丽青瓷薰炉

图六 韩国国立中央博物馆藏高丽青瓷注壶

图七 参观韩国国立中央博物馆新安沉船展览

的关系，巅峰时不输中国青瓷，达到了非常高的艺术水平。（图五、图六）

其次，参观了新安沉船出水遗物展。这是一艘从中国港口出发驶往日本的货船，在韩国新安海域沉没。该船出水了大量的中国陶瓷器，过去学者一直认为该船是从宁波出发驶往日本博多港的。我在参观了韩国国立中央博物馆的新安沉船展陈后，认为其始发港有可能是太仓。（图七）

太仓遗址是2016年发现的，至今已发掘15000平方米，共计出土瓷器18万件，此外还有大量的碎瓷片，总量超过150吨。瓷器以龙泉窑为主，超过百分之九十，此外还有景德镇窑、宜兴窑、福建窑、定窑、磁州窑和几件高丽青瓷。器物组合与新安沉船非常相似。

目前新安沉船出土的釉陶容器，大家关注的还比较少，这类器物多数用作贮藏器，主要为酒瓶，其产地离港口并不太远。又因为酒在元代属于专卖品，因此确定这些酒瓶的产地，对于研究新安船的始发港具有重要的意义。我个人认为太仓是比宁波更有证据的始发港，这不是结论，而是希望引起更多的讨论，继续推进新安船的研究。

此次的交流项目使本人受益匪浅，不仅学习了韩国文化，而且认识了来自世界各地的同行，大家在一起交流学习，其乐融融。

二、赴韩国木浦参加"中世韩、中、日陶瓷窑场构造与生产体制"国际学术研讨会

上海博物馆陈克伦、陆明华、陈洁、王建文应韩国民族文化遗产研究院的邀请，于2019年10月5-8日，赴韩国参加"中世韩、中、日陶瓷窑场构造与生产体制"国际学术大会。参会人员主要是韩国、中国及日本的学者，计有三十多位。会议地点位于木浦市的高丽青瓷博物馆。（图八）

到首尔后立即乘大巴车驱车四个多小时到达扶安青瓷博物馆，参观馆藏高丽青瓷和窑炉，大家被高丽青瓷的精致、高雅、清新而折服，纷纷驻足拍照。窑炉长达十多米，宽约一米，半地穴式龙窑，这在同时期的中国很少见。期间看到了早已向往的高丽青瓷翡色云纹瓶，瓶口带盖比较少见，盖顶和颈部均有环形系，便于系绳。参观完后又乘坐大巴2个小时赶往韩国全罗南道康津郡。

10月6日到达国立光州博物馆，光州博物馆侧重陶瓷、书画方面的收藏，其中展览了一部分新安沉船的出水文物，还有一座高丽10-11世纪的龙云里窑址，窑炉和扶安青瓷博物馆窑址基本一致。午餐后到达此行的第三个目的地海南青瓷窑厂，韩盛旭院长（民族文化遗产研究院院长，博士）和卞南柱教授（KOOKMIN UNIVERSITY RESEARCH PROFESSOR）给大家讲解了海南青瓷窑厂的分布情况和产品特征，围绕港湾的6平方公里内从南到北分布了约百多座窑址，沿海岸线分布，曾经的沧海现已变为肥沃的良田。这里的镶嵌腰鼓很有特色，陆老师说跟河南鲁山窑很像，不过年代差距很远。还有一些近玉壁底（环形底）的高丽青瓷碗，和越窑类似又不同，时代约在9世纪末到10世纪，属于高丽早期青瓷窑厂。

之后乘大巴车2小时，16点多赶到此行第四站国立海洋文化财研究所，这里是陈列展示新安沉船及其货物的专业性水下考古博物馆，这艘七百多年前（1323）从中国启航的商船在韩国新安海域沉没，故命名新安沉船。新安沉船里的文物在太仓遗址多有见到，高度重合，这是近年考古的新发现，对于过去的认识有修正的可能。这座博物馆展出了新安沉船的大部分器物，包括大量的龙泉窑、景德镇窑、磁灶

图八 韩国木浦康津高丽青瓷窑址分布图

图九 新安沉船出水的部分器物

图一〇 新安沉船

图一一 高丽青瓷窑场

窑、洪塘窑、闽清窑、建窑、茶洋窑、铁店窑、宜兴窑、磁州窑等窑口的产品。这些是以前在图录上看到的器物，这次终于能亲眼看到实物，感觉还是完全不一样。做器物研究，不能只看图片，更重要的是要看到实物。当然我最感兴趣的是瓶子和罐子一类的容器。这类容器多数是装酒，也有部分可能是装其他的食品类。酒在宋元时期属于政府专卖，不能跨区销售，因此通过酒瓶可以推定酒的产地，借此可以推断新安船的始发港。（图九、图一〇）

10月7号上午参观了此行的最重要目的地，即高丽青瓷云塘里窑址，这处窑址始烧年代约在9-10世纪，一直延续到15世纪，是高丽青瓷的最高质量的产地，出土了大量的青瓷标本，发掘者允许我们拍照上手参观，亲手体验了高丽青瓷的美。（图一一）

下午正式召开本次研讨会。首先由民族文化遗产研究院的副院长权赫周对该年度的发掘进行了全面细致的介绍。该年度发现了两座斜坡形龙窑，出土了大量的瓷器标本，年代从11世纪到13世纪，延续二百余年，这正是高丽青瓷最巅峰的时期。窑炉也是龙窑，长度在十米左右，但是比同时期中国的窑炉要短很多，既有本土的传统，也受到了中国陶瓷技术的影响。整体来说，窑炉结构和中国南方的相似，但是在支烧方面，采用的是北方的三叉支钉式的装烧，在底足部分有三个支烧点，而且后来发展出了高丽青瓷独特的间隔方式，即用石英石放在垫饼上做为间隔具，这种间隔材料是中国没有的，属于高丽青瓷特有的工艺。主办者还将大量的标本摆放在标本室，允许参会者上手观看、拍照。既有常用的碗盘之类，也有各种礼器。全面观摩了高丽青瓷的巅峰佳作。

本次会议收获满满，既有来自参观博物馆、窑址现场的收获，也有来自与参会者的交流所得，并且认识了一批国内外的同行，学到了很多新的知识，今后应该将研究视野扩展到整个亚洲的陶瓷技术与文化。（图一二）

图一二 "中世韩、中、日陶瓷窑场的构造与生产体制"国际学术研讨会

169

关于"传统与未来"的思考

2019年9月赴日本京都ICOM会议及考察　黄　河　褚　馨　龚玉武　赵岑玚

2019年9月1日至8日，上海博物馆文物保护科技中心黄河、展览部褚馨、信息中心龚玉武、保管部赵岑玚一行4人赴日本京都，参加了国际博物馆协会第二十五届大会。

国际博物馆协会（ICOM）是博物馆界最权威的国际学术组织，下设119个国家委员会和30个国际专业委员会，每三年召开一次全体大会。继2010年中国上海、2013年巴西里约热内卢、2016年意大利米兰之后，2019年ICOM第25届大会在日本京都举办，主题为"作为文化中枢的博物馆：传统的未来"。这也是国际博协大会首次在日本召开，有来自120个国家和地区，超过4400位成员参加，创造了参会人员数量的历史最高纪录。

这次的京都国际博协的主会场设在京都国际会馆，会场入口布置地非常具有京都风味，纪念墙是以京都国立博物馆所藏的日本重要文化财《风神雷神图屏风》为背景，金色底面，风雷叱咤，气势澎湃，而幕墙面前放置了一把红色的京都和伞，具有鲜明的日本特色，每一位与会人员都会在此合影留念。（图一）

国际博协大会的开幕式前由京都醍醐寺的《醍醐寺の声明》法螺表演暖场，整整20分钟左右的传统佛教乐器表演将所有与会者带入庄重的气氛中。大会由NHK著名主持人国谷裕子任司仪，

图一　国际博物馆协会第二十五届大会会场外合影

图二 与ICOM主席苏埃·阿克索伊、副主席安来顺合影

图三 国际博物馆协会第二十五届大会会场合影

国际博协主席苏埃·阿克索伊开幕致辞，呼吁博物馆作为世界上最受信任的机构之一，要承担更多的社会责任，广大博物馆界同仁们在机遇与挑战并重的当下，要不断思考博物馆的未来。（图二）秋筱宫文仁亲王及秋筱宫纪子妃代表日本皇室参加了本次大会，秋筱宫文仁亲王致开幕贺词。日本首相安倍晋三也向大会发来贺信。开幕式后，国际石造建筑奖得主，日本著名建筑师隈研吾在开幕式上发表题为"森林时代"主旨演讲，关于人类与自然之间的关系，以及用自然之物来营建博物馆建筑，回归传统的理念。团组在会场观摩了整个开幕式的议程。（图三）

ICOM会议及考察采撷

随后的几日，我们四位全程参加了本次大会，聆听了"通过博物馆规划可持续的未来""博物馆的定义——ICOM的支柱""灾后的博物馆：做好准备，有效应对，保护文化遗产""世界上的亚洲艺术博物馆与藏品"等4场全体会议，（图四）以及"森林时代""巴西亚马逊森林倡议""我的博物馆时光"等3场主旨演讲。其中，在"我的博物馆时光"中，中国爆破艺术家蔡国强通过一系列全球项目，回顾了过去几十

图四 ICOM的全体会议现场

年来他与博物馆的互动方式，博物馆内展陈的艺术经典如何激发他进行艺术的冒险和创作。作为著名的当代艺术家，蔡国强先生的发言让我们深刻感受到：中国艺术家必须从传统的经典中走出来，形成自己的特色，才能在当代艺术中有立足之地，拥抱未来。

根据各自的专业领域，分别赴藏品保护委员会（ICOM-CC）、国际展览交流委员会（ICEE）、国际视听、新技术和社会媒体委员会（AVICOM）等国际专委会，参加了多场学术研讨会，了解了最新动态和技术进展。

AVICOM专委会上，了解到AVICOM举办国际视听多媒体艺术节，旨在世界范围内征集、评选博物馆优秀视听作品及数字多媒体技术的应用案例，从而促进行业交流及技术创新，各国的相关学者会议上的精彩报告以及获奖作品展示让我们了解了国际上博物馆行业视听多媒体应用现状和水平，不少国外的博物馆在视听多媒体技术方面创新、简练、艺术性等表达方式值得我们学习，知晓了我馆的优势与不足，以及今后信息化、数字化建设的发展方向以及建设思路。

ICEE专委会是一个致力于搭建国际展览项目交流平台的委员会，会议上，各个展览公司都在宣传他们能够承接或推广的展览项目，基本都是欧洲的一些展览。这种展览项目的交流和推广在欧洲的博物馆比较流行，因为他们机构的人员、研究员相对少，策展人资源并不丰富，所以通常的操作模式是委托展览公司，打造展览项目，推销到其他博物馆，达到创收及文化推广的双重目的。上海博物馆自身很少承接由展览公司包揽的展览项目。此外，会议上也会有一些策展人发表讲演，印象比较深刻的是一位讲者说，博物馆人应该直面未来的发展趋势，我们的展览，我们的展厅，是为千禧年出生的孩子们准备的，要从他们的兴趣出发。

会议期间，团组参观了博协大会展览会，（图五）围绕馆藏文物保护利用与来自世界各地的展商进行了学习交流，内容涵盖文物无损检测、防震平台、调湿建材、展柜设计、包装运输、三维扫描、3D打印、多媒体展示、人工智能等领域。展览会上，重点关注了智慧博物馆和数字博物馆相关技术企业，在这方面，主要以日本企业和中国企业为主，但整体数量和种类不多，仅涉及到视频显示、摄像捕捉、3D扫描等企业，其中新技术并不多见，较吸引眼球的为无缝屏技术和8K技术，但价格相对昂贵，但效果的确不错。（图六）

9月5日，黄河、龚玉武、赵岑旸赴京都国立博物馆，与

图五 参观博协大会展览会现场

图六 参观展览会现场的电子屏幕技术　　图七 在京都博物馆进行分组交流现场

学艺部部长朝贺浩等7人围绕上海博物馆东馆文物保护修复展示、储存柜架设计与仓储式陈列、藏品数字化资源管理与展示等主题，进行了热烈而深入的技术交流，为上博东馆建设提供了诸多有益的借鉴。（图七）他们在信息化、数字化方面并不是十分前卫，可能还略微偏保守，但也有值得我们学习和思考的地方。虽然没能实际看到他们的信息化平台或系统，但是他们信息部门的负责人在沟通中表示，他们几大国立博物馆有一个藏品数据的大平台，各馆均可将文物数字信息上传平台，相互之前可以查询和调用部分信息，但有些属于私人的文物信息并不能公开，整个系统较为便捷高效。其实，在我国前几年的文物普查中，国内博物馆也都将大量的文物资料以及图片信息进行了较为全面的梳理，国家文物局也尝试建立这样的文物数字资源平台。这个平台如果能在国内根据一定的标准和规则，设置一定的开放范围，从小范围试点开始，逐步优化，逐步扩大，让更多的中小博物馆加入，形成一个全国范围的藏品数字资源池，从行业内共享，再到向公众公开分享，这样能让更多的文化遗产活起来，文物所能带来的文化影响传播的更快、更广、更有影响力。

另外，团组还参加了ICOM组织的场外活动，赴淡路梦舞台国际会议中心及兵库县立美术馆参观。这两个建筑都是国际知名建筑设计师安藤忠雄的作品，在室外景观设计、室内空间设计及两者间的协调呼应上具有鲜明的特色；参观了京都国立博物馆，一楼展厅采取了错层设计，部分展柜高达约5米，可满足巨幅书画类文物的展览需要；走访了泉屋博物馆，欣赏了精美的中国古代青铜器，参观了"永远的文化财产——住友财团修复助成30年纪念特别展"，展览从修复工具、修复工序、检测分析、修复前后对比等角度，讲述了30年的文物修复发展历程。这些亮点对上博东馆都具有一定的启示作用。

文物预防性保护的思考

1930年意大利罗马艺术品保护国际研讨会上，首次提出了"文物预防性保护"的概念。随着认识的深化，该理念已经从最初的"减少或避免修复干预"，发展为"广泛的控制文物保存环境"，进而提升到目前"文物风险管理"的战略高度。在本次京都ICOM大会期间，文物风险管理和预防性保护也受到了广泛的关注。

日本处于环太平洋火山地震带，是地震灾害频发的国家，对防震减灾有着深刻丰富的经验研究和行之有效的处置措施。在本次大会的展览会上，展出了日本企业的专业化文物防震措施。一是室外展区模拟搭建了防震车，（图八）在车的底部安装了减震装置（横向减震+竖向减震），用以模拟博物馆建筑抗震的结构设计。展商模拟1995年日本神户大地震的真实震波，让参观者体验对比没有任何防震措施和启动减震装置后的车内感觉，直观感受装置的减震效果。二是在室内展区搭建了文物展柜，展柜上浮放文物复制品，在展柜底部安装了防震平台（横向防震），同样是模拟地震来时的场景，让参观者体验了解防震平台对柜内文物的保护效果。另外，大会还专设了一场题为"灾后的博物馆：做好准备，有效应对，保护文化遗产"的主旨论坛，来自四个国家的专家学者交流讨论了各国应急处置、灾后重建的经验。（图九）

日本的防震措施以建筑物、展柜和储藏柜、浮放文物为对

图八 安装减震装置的模拟防震车

图九 "灾后的博物馆：做好准备，有效应对，保护文化遗产"主旨论坛

象，分类研发了防震设备，形成了系统性的解决方案，为我国的文物防震工作提供了有益借鉴。目前，上海博物馆承担了2019年度国家重点研发计划项目"馆藏文物一体化防震关键技术研究"子课题《馆藏文物震害风险处置措施研究》的工作，主要围绕馆藏文物震害风险评级和应急处置体系开展研究。在2015年编制发布文物保护行业标准《馆藏文物防震规范》的基础上，上海博物馆还正与机械工业仪器仪表综合技术经济研究所、中国航空规划设计研究总院等单位共同努力开展《馆藏文物防震-策略、评价与保护措施》的编制工作，力争成为国内首批被ISO质量体系认证的国际标准，努力在国际文化遗产保护标准化建设领域发出中国声音。

大会期间，我们赴京都国立博物馆，与友馆同仁交流探讨了文物预防性保护工作。京都国立博物馆使用的环境监测设备（图一〇）和监测系统（图一一）和国内现有技术较为相似，对展厅、库房、文物保护工作室等重点区域的环境因素实现了监测全覆盖。通过无线连续监测系统，对环境指标超标、探头工作异常等情况进行预警，以便研究人员及时处置。

在与京都国立博物馆同仁的交流中，我们发现了一些现有文物预防性保护技术的共性问题。一是通过多年的连续监测，博物馆已经积累了海量的馆藏文物保存环境监测数据，但对这些数据的统计、分析、评估工作还处于初级阶段。二是目前博物馆环境的监测与调控工作相对割裂，环境监测已经实现了线上连续检测，但与监测发现的问题所对应的调控措施基本上还是通过线下方式来进行的，在时间上存在滞后性。在2020年度国家重点研发计划"重大自然灾害监测预警与防范"（文化遗产保护利用专题任务）专项申报工作中，上海博物馆牵头的"馆藏文物预防性保护风险防控关键技术研发示范"成功获批。针对文物预防性保护的阶段性突出问题，项目将围绕风险防控指标体系与评价技术、基于大数据发掘的风险评估及预警预测技术、分布式智能精准监控技术、监测异构自组网集成技术及装备研发、风险防控集成系统研究与示范等领域开展研究，力争显著提高馆藏文物风险防控水平，构建馆藏文物预防性保护创新体系，为上海博物馆东馆建设提供有力保障，也为"十四五"期间我国文物保护科学和技术发展研究作出科技引领和创新示范。

会议期间，我们还赴泉屋博物馆，参观了"永远的文化财产——住友财团修复助成30年纪念

图一〇 京都国立博物馆温湿度、光照监测设备　　图一一 京都国立博物馆环境监测系统

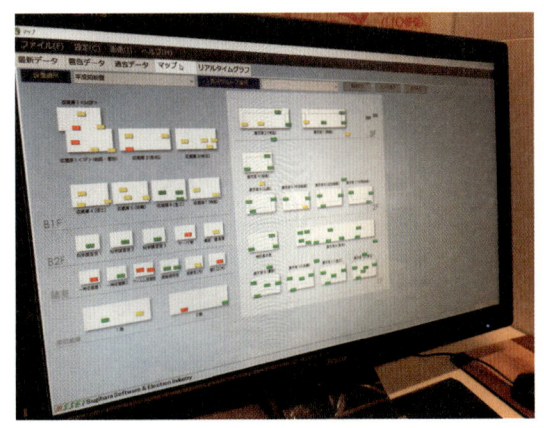

特别展"。（图一二）展览从修复工具、修复工序、检测分析、修复前后对比等角度，讲述了该机构30年来的文物修复发展历程。在参观过程中，我们特别留意了观众的观展反应。有些观众看得很仔细，在发展历程展板、修复案例展项前频频驻足；有些观众则是走马观花，仅在自己感兴趣的展柜前停留片刻，整个参观时间不超过10分钟。

泉屋博物馆的修复展，为上博东馆的开放式文物保护修复展提供了启示与借鉴。在博物馆观众群体中，大部分是对博物馆尤其是文物保护不甚了解的"尝鲜者"，少部分是对博物馆有深厚兴趣和一定知识背景的"回头客"，展览应该通俗与专业兼顾，至少能提供出两份"菜单"。对首次来博物馆的普通观众，要满足其猎奇心理，提供具有画面感的展示方式（如现场修复），并注重利用丰富的形式（如视频、动画等）和高科技的展示手段（如交互式多媒体装置），牢牢抓住观众的眼球。对经常来博物馆的资深观众，要为其提供观展的多种维度，如科技保护与传统修复的结合、文物保护与文物研究的融合、科技与人文的互动等，并注意展览要按照不同主题常换常新，让观众跟随着展览共同探索共同思考，每次来都有不同的收获，牢牢抓住观众的心。

图一二 泉屋博物馆"永远的文化财产——住友财团修复助成30年纪念特别展"

亚欧博物馆联盟会议

此外，参加2019京都ICOM会议期间，受杨馆长的委派，褚馨代表上海博物馆参加了亚欧博物馆联盟执行理事委员会会议（ASEMUS ExCo）。（图一三）亚欧博物馆联盟成立于2000年，它是一个连结亚洲和欧洲博物馆，互通友好的联盟，其会员来自亚洲和欧洲的41个国家192座博物馆，上海博物馆是其执委会成员。这次借京都ICOM会议，亚欧博物馆联盟于9月4日下午在日本京都国际会议中心举行了执行理事委会会议。到场的博物馆及相关单位有：马来西亚SARAWAK博物馆、韩国国立中央博物馆、爱尔兰都柏林图书馆、瑞典国立民族学博物馆、维也纳民族学博物馆、德国慕尼黑民族学博物馆、新加坡亚洲文明博物馆、大阪国立民族学博物馆、亚洲基金会文化部、荷兰国立民族学博物馆、菲律宾国家博物馆和上海博物馆，共14家单位的馆长、副馆长及代表。

会议主要的议程为：1.亚欧博物馆联盟执行委员会主席陈威仁（Kennie Ting）发表欢迎辞，感谢各位借参加ICOM会议为契机，来参加ASEMUS ExCo会议。2.由委员会秘书处ASEF总结2018年马来西亚古晋市的ASEMUS ExCo会议。3.报告ASEMUS网站的访问情况，以及新加入的会员情

图一三 亚欧博物馆联盟执行理事委员会会议现场

图一四 大阪国立民族学博物馆参观

图一五 大阪国立民族博物馆的展陈方式

况。4.由韩国国立中央博物馆的Ms Kong介绍VCM（Virtual Collection of Asian Masterpieces）网站的各方面数据分析情况。5.报告了与亚洲文明博物馆2018年3月在新加坡举行的活动。6.由陈威仁主持了关于对ASEMUS会员的调研结果，并分析讨论其结果的原因。

此外，会议主要讨论了ASEMUS未来的发展情况。陈威仁先生表示，到2020年底他的主席任期结束后，就将不再续任。因为ASEMUS主席的工作，占用了过多的时间和精力，新加坡政府并不允许陈先生再任此职。新的主席将在明年的会议上进行选举。会议任命了马来西亚SARAWAK博物馆的Mr. Hanz先生担任秘书处。褚馨代表杨馆长向各位执委委员问候，并简单介绍了一下2020年上海博物馆将举办"黑石号"展览，与展览配套的国际学术会议将开辟一个专场，邀请ASEMUS ExCo的会员前来参加会议，相聚上海。

9月5日，ASEMUS ExCo的会员与ICOM国际博物馆和人种学收藏委员会（ICME）及国际博物馆和乐器收藏委员会（CIMCIM）的会员，前往大阪国立民族学博物馆进行交流和会议。上午在博物馆的展厅，参与了对各个展厅的导览活动，并体验了博物馆新研发的科技导览技术。（图一四）不禁感叹民族学博物馆的展品内容极为丰富，大部分展品裸展陈列，空间层次感处理地非常好，置身其中，观展体验引人入胜，而且展厅局部分布了不同层次的观众互动体验与交流区，让观众边参观学习边游玩。（图一五）下午也参观了博物馆正在举行的关于古代神话中的怪兽和异兽的特别展览，并进行了关于"博物馆的多样性与全球性"话题的论坛。

智慧博物馆的形态

随着现代科学技术的不断创新与发展，云计算、物联网、移动通讯、大数据、人工智能等新一代信息技术应用在全球迅速兴起，人类社会已开始从信息时代步入智能时代。"以人为本"理念在博物馆的深入实践和新一代信息技术在博物馆的普及应用，有力地推进了"以数字为中心"的数字博物馆向"以人为中心"的智慧博物馆发展。

2014年，国家文物局启动了智慧博物馆建设试点工作，四川博物院、山西博物院、内蒙古博物院、广东省博物馆、甘肃省博物馆、金沙遗址博物馆、苏州博物馆等7家博物馆，结合实际开展新技术应用，取得了显著成效，为推动博物馆实现智慧管理、智慧保护、智慧服务提供了示范实践。7个智慧博物馆示范单位在近两年完成了第一批项目成果，宣传和推广了智慧博物馆理念，探索了智慧博物馆经验，引领了博物馆信息化建设新的生态，并且带动了全国如南京博物院、陕西秦始皇陵博物院、成都博物馆、吉林省博物院、湖南省博物馆等各行各业博物馆自主自发的智慧化规划设计以及建设热潮。

这次大会中AVCOM专委会会议上，来自法国、德国、英国、中国等国家和地区优秀的视听作品及数字多媒体技术应用案例展现了他们在数字化传播中有了较大的提升。近年来，纽约大都会艺术博物馆、大英博物馆、法国卢浮宫博物馆、俄罗斯冬宫博物馆、芝加哥科学与工业博物馆、德国ZKM博物馆等世界一流博物馆的数字博物馆建设发展水平都处于世界前列，并且各有自身的特色。其中，交互设计的人性化、数字藏品的全方位展示、虚拟展示形式的多样性、数字资源的丰富程度、教育传播职能和互动学习方式的创新性，始终作为其数字博物馆建设的主要研究方向。欧洲的一些著名博物馆和文化机构，也都于20世纪90年代中期实施了自己的数字博物馆建设计划。欧盟委员会从2000年开始致力于文化遗产的数字化工程和创建网络虚拟博物馆的工作，并在其后的五年间，在各成员国之间积极寻求文化遗产网络工程的合作共建。

在大会的新技术展会上，日方、中方的参展企业占绝大多数，基本上以数字采集和数字展示的硬件设备为主，反映出日本在这两方面很强的产品优越性。但是，本次在京都国立博物馆的信息化工作交流中了解到，日本在博物馆信息化、数字化方面相比欧美国家还是略有保守。其实，在智慧博物馆的建设中，我国可以算是整体水平在世界比较领先的，但是正如之前所提，日本藏品数据平台的建设和理念还是有值得我们学习的地方。如今，中央文化体制改革和发展工作领导小组发布了《关于做好国家文化大数据体系建设工作的通知》，贯彻国家大数据战略，推进文化和科技深度融合，依托现有工作基础，分类采集梳理文化遗产数据，对全国公共文化机构、高等科研机构和文化生产机构各类藏品数据，标注中华民族文化基因，把非物质文化遗产记录成果中蕴含的优秀传统文化的精神标识提炼出来，建设数据共享、安全可信的文化大数据服务及应用体系，如中国文化遗产标本库建设、中华民族文化基因库建设、中华文化素材库建设、国家文化大数据云平台建设等。

上海博物馆在信息技术运用方面是先行者，20世纪90年代即已起步，在发展过程中，有好的想法，设计了好的项目，也有不少的经费投入，但是由于缺乏整体的顶层设计，"零敲碎打"的建设了如藏品数据库、高清图像库、古籍数字化管理系统、文物科技保护信息系统、远程公共教育系统、数字化移动展示平台、数字化管理中心系统等，一方面，实际落地与设想有所差距，另一方面，系统间缺乏联动，数据并未融会贯通，形成一座座信息"孤岛"。因此，在智慧博物馆建设中，并没有太多突出的表现。

当前，上海博物馆正逢东馆建设契机，如何从整体来规划具有上博特色的智慧博物馆建设成为重点思考的问题，信息化是可以跨越时空的，所以并非一切都要重建，我们应该采用利旧、扩展、建新等多种方式，根据上博自身特点，吸收消化国内外相近类型的博物馆智慧化的实践案例和研究成果基础上，高起点地构建上海博物馆东馆智慧化，规划先行，制定符合科技发展和文化自信的上海博物馆东馆发展路径，将上博打造成在智慧保护、智慧管理、智慧服务等方面全面协调建设的智慧博物馆体系，最终通过态势感知、智能分析、智慧决策，更好的为公众服务、为社会服务，进一步促进现代博物馆事业的发展。

上海博物馆东馆将以智慧化建设作为实现转变理念、重塑生态、提升能级、创新服务、优化效率的平台和引擎，真正推动上海博物馆成为一个拥有学术化品质、国际化格局、多元化发展的一流大馆，并服务于创建国际顶级的中国古代艺术博物馆的总目标。

藏品研究中心和开放式库房的畅想

公元前4世纪，马其顿国王亚历山大大帝在其对外扩张的军事行动中，把搜集和掠夺来的珍宝古物和艺术品交给他的老师亚里士多德整理研究，亚里士多德曾利用这些文物进行教学、传播知识。亚历山大的部下托勒密·索托建立新王朝后，继续南征北战，公元前3世纪，在埃及亚历山大城建立了一座缪斯神庙，专门收藏各种自然和人类遗存，并聚集学者从事研究工作的，博物馆一词也由此演变而来。不同于一般保藏珍贵物品的宝库，博物馆成为了以收藏和研究为重心的研究机构。

18世纪，一位热爱收藏的医生汉斯·斯隆为了使他的收藏得到完整而长久的保留，并供学者和大众自由参观或详细观察，将其毕生收藏全部遗赠给了英国王室。为遵其遗嘱，英国国会立法筹款，收藏了这批珍贵礼物，并建立了大英颠博物馆，成为第一个对公众开放的大型博物馆。这让现代意义的博物馆有了公众服务的属性。

自国际博物馆协会1946年成立并首次对博物馆进行定义以来的70年间，国际博物馆协会共对博物馆定义进行过7次修订。2016年，国际博物馆协会成立"博物馆定义：前景和潜力"（MDPP）常务委员会，2019京都大会召开前，收到了来自全球各地的269份（包括中国在内）新博物馆定义提案，协会计划于9月7日的全体大会进行投票，尽管对博物馆的定义仍存在很大争议，致使投票拖

图一六 藏品研究中心中央公共收藏大厅内部渲染视图　　图一七 真实建筑元素镶嵌天花板内部渲染视图

迟到了2020年6月下一次特别全体大会，但作为出发点的收藏和研究始终是博物馆的基础和核心，而面向公众（无论是展示还是传播教育）也已经得到了广泛认同。然而，我们所认同的博物馆"面向公众"究竟是像亚里士多德那样"基于学者的研究，利用文物进行教学、传播知识"，还是如同汉斯·斯隆爵士盼望的那样"供学者和大众自由参观或详细观察"？

　　在一场联合专委会的会议中，来自V&A博物馆的同仁介绍了一项激动人心的"藏品与研究中心"东馆筹建计划。未来的几年里，V&A将对馆藏25万多件物品、1000份档案资料和35万册藏书进行研究、拍照、保护、包装，并准备从现址全部搬迁至即将新建的"藏品与研究中心"。通过全新的空间布局和展示形式，对博物馆如何保存以及观众如何接触到藏品做出革新，是一次空前的将馆藏向公众开放的机会。馆内将提供一个360°的视角，以一种从未有过的方式向公众呈现博物馆的内部场景，观众被邀探寻藏品为何以及如何被收藏、保护、研究和展示，看看藏品是如何帮助我们认识过去、现在和未来，真正将藏品带出库房，走进公众视线。（图一六）这座新的藏品研究中心将颠覆博物馆传统的藏品保存理念和方式，全方位的开放式库房如同置身于沉浸式的展柜，用复原式手法配以各种空间用于藏品阅读和研究探讨。在这里还会举办实时的展览、研讨会、演出等，还能在屏幕上看到博物馆的日常工作，包括展览筹备前对展品的研究和保护。（图一七）虽然出于安保和文物保护原因，博物馆还不能像图书馆那样以开架的方式让公众自由出入，但这种接近于公共图书馆的仓储式展示，无疑让公众与藏品之间变得更加亲密。总而言之，无论是为了研究还是教育，开放共享已然大势所趋，藏品的可达性将是未来值得探讨的议题。

法兰克福书展行纪

2019年10月赴德国学习考察　丁唯涵

感谢馆领导、文交办以及出版摄影部的支持，得以让我能参加大名鼎鼎的德国法兰克福书展。该书展是德国举办的国际性图书展览，1949年由德国书业协会创办，每年10月第一个星期三至第二个星期一在法兰克福举行，为期6天。其展览宗旨是：允许世界上任何出版公司展出任何图书。

2019年的书展日期比往年延后了两周左右，为10月16日至20日。我所参加的团组是由上海世纪出版集团组织牵头，团员有市委宣传部出版处、新闻处、网信办、文化执法大队，还有市社联、华东师范大学出版社、上海社会科学院出版社、外语音像出版社的成员。到了法兰克福才知道，原来不仅是上海，其他省市都派出了代表团，或是参展或是观展，规模庞大。（图一）

法兰克福书展的主要功能是推进版权贸易。数据显示，在书展上达成的版权交易占世界全年版权交易总量的75%以上，一方面是出版机构的版权负责人前来洽谈、购买国外版或翻译版版权，另一方面是大批文学代理人寻找海外出版公司。

每年，会有100多个国家、7000多家出版商和书商、30多万个新品种参加法兰克福书展。该书展已成为世界最大和最重要的图书贸易中心，是世界书业界的盛会，也被誉为"世界文化风向标"，如今也是中国图书出版界对外输出版权的主要媒介。

一年一度的法兰克福书展于1976年起设立主宾国，2019年的主宾国是挪威。值得骄傲的是，中国在2009年担任书展主宾国，时任国家副主席习近平出席书展并作为主宾国发言，可见中国对于法兰克福书展的重视。

当时习主席发表了题为《加强文化交流 促进世界和平》的重要演讲，习主席在演讲中提到法兰克福书展既为中国全面领略和认知世界各国文化精品提供了一个重要契机，也给世界各国朋友们近距离观察和感知中华文化打开了一扇重要窗口；加强世界各国文化交流，扩大不同文化背景下人们的心灵沟通，是推动建设和谐世界的重要途径；文化因交流而

图一　书展的标志性建筑

图二 书展入口处

图三 位于市中心的歌德故居

图四 右方远处的欧洲央行

图五 对岸的博物馆区

丰富，因交融而多彩，正是不同文化的彼此交流，才让不同国度的人们知道了中国的孔子、德国的歌德、英国的莎士比亚；推动文化交流不但是各国人民的热切愿望，也是推动人类文明进步与世界和平发展的重要动力；文化的交流既需要理解和尊重，也需要超越偏见和误解，意识形态、社会制度、发展模式的差异，不应成为人类文明交流的障碍，更不能成为相互对抗的理由；应积极维护文明多样性，推动不同文明对话交流，相互借鉴而不是相互排斥，让世界更加丰富多彩。

如今再回过头来学习这一主旨发言，我们可以发现当下习总书记提出的"人类命运共同体""一带一路倡议"等的立论来源与理论源泉。

从2009年到2019年，十年之后的法兰克福书展依然是世界上规模最大、版权交易量最多的书展。（图二）

法兰克福是歌德的故乡，是欧洲的金融中心。（图三）站在市中心的老铁桥上，一边是欧洲央行总部大楼的银行区（图四），一边是博物馆区。桥下的美因河穿流而过。金融、文化、自然和谐相生。（图五）

正如前面所说，与我们平时所熟悉的上海书展不同，法兰克福书展主要是为开展版权贸易服务的，书展上能够零售的书籍或衍生产品并不多。书展的展位非常大，分为3.0—6.0几个不同的区域（图六），各区域之间设置了类似机场的水平代步电梯，可想而知书展的规模。（图七）

我所参加的上海世纪出版集团的展位在4.2，比较惊喜的是在世纪集团的展位上，看到了我馆的《千文万华》的图录，这本书的版权已经输出给外方了，这充分体现了我们博物馆文化

图六 从地下一层至地上二层的4.0、4.1、4.2展区

图七 连通各区域的代步电梯

图八 世纪出版集团展位喜见《千文万华》

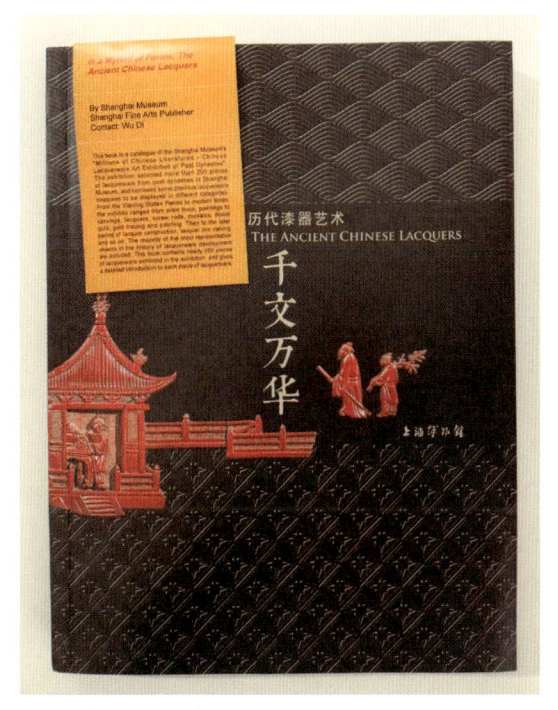

图九 《千文万华》的英文介绍

传播的核心竞争力，同时也显示出传统文化对于外国人的吸引力。（图八、图九）我想，追求"世界顶级的艺术博物馆"的远大目标，要"走出去"是很自然的一步，也是必然的一步，更是关键的一步。不仅展览要走出去，衍生产品要走出去，版权更是要走出去、冲出去，这样才能不断扩大上博的影响力，增强我们的文化自信。

与其他团员在书展上的任务不同，我在书展内的关注点聚焦在国外博物馆、美术馆的出版情况。在4.1艺术类出版商区域看到了与上博合作过的俄罗斯艾米塔什博物馆（图一〇）、柏林国家博物馆总馆及其下属的埃及博物馆和莎草纸文稿收藏馆（图一一）、美国大都会博物馆、英国维多利亚和阿尔伯特博物馆、中国台北故宫博物院等，可惜他们展出的出版物并不多，也许只是常规性地设置一个摊位洽谈版权合作的。还见识了闻名遐迩的出版社或出版商，比如企鹅、柯林斯、孤独星球（图一二）、美国国家地理（图一三）等等，书展最后一天企鹅开放零售时的排队场景仍然历历在目、震撼于心。（图一四）与我们有合作关系的雅昌、中华商务等印刷商也出现在书展中。

此次法兰克福书展之行使我开拓了眼界。从小的方面来说，让我清醒地认识了我们与国外一流书展、博物馆、出版等几个方面的差距，也发现我们自身的长处和优点。从大的方面来说，使我明白了世界文化交流方兴未艾，这一永恒的潮流是任何力量所阻挡不了的。

我们的交流文集已经出版了两辑了，我想我在法兰克福书展上感受也正如杨馆长为文集所题的书名一样，从第一本的"入云深处"——《山光物态弄春晖》，上升到了第二本的"文明因交流而多彩，因互鉴而丰富"——《博物馆与文明交流互鉴》。

图一〇　俄罗斯艾米塔什博物馆展位

图一一　柏林国家博物馆总馆展位

图一二　出版自由行宝典的孤独星球

图一三　美国国家地理展位

图一四　书展最后一天企鹅零售区排队火爆

中意文化遗产保护修复合作交流活动小记

2019年11月赴意大利交流考察　周新光　徐方圆

2019年11月10–15日，上海博物馆文物保护科技中心周新光、徐方圆二人赴意大利佛罗伦萨，参加了与意大利国家研究委员会文化遗产保护修复研究所（CNR-ICVBC）的科学合作交流，围绕文物保护、修复以及科学检测等主题与意方进行了深入的探讨。

意大利国家研究委员会（CNR）成立于1923年，是意大利规模最大、学科最全的公共研究机构，包含生物医学科学、地球和环境、物理和物质、生物和农业、材料化学和技术、工程与信息通讯技术及能源和运输、人文科学和文化遗产保护等七大学部，下属102个研究所，8500名研究人员，每年研发经费超过9亿欧元，孵化企业近50个。2019年，上博文保中心与该委员会文化遗产保护修复研究所（ICVBC）续签了科学合作框架协议（2019-2022），2019年为续签协议的第一年。11月10日，文保中心周新光，徐方圆二人启程赴意大利开始了首次交流。

首先我们来到ICVBC，Cristiano RIMINESI博士向我们简要介绍了CNR的整体情况和下属研究机构分支，重点介绍了文化遗产保护修复研究所的战略观点和行动计划，主要包括六个方向：通过激励、倾听和对话加强机构内研究者之间的合作；利用、合并机构中的各种技能和人力资源；积极竞争国家和国际基金的资助；加强与地区性以及本地机构的联系；保持机构行动的社会影响力；增强和提升机构在意大利国内外的存在感和行动力。从中我们深切地感受到了意大利文保机构的竞争意识和紧迫感。（图一）

下午，我们驱车来到从事专业激光清洗设备研发和制造的EL.EN公司，该公司是专业的高端、小型激光系统供应商，主攻文物激光清洗领域。其品牌LightforArt激光清洗

图一　Cristiano RIMINESI博士向介绍ICVBC的情况

图二 意方研究人员介绍文物保护修复案例

图三 丝织品修复室的灯光反射照明

机在文物修复领域与欧洲众多权威的文物机构和研究院所具有多年的合作，是业界著名的供应商和合作伙伴，重点研究激光清洗在文物保护领域（如石雕、石刻、油画等）的运用。近年来，文保中心也引进了该设备，应用了大量的案例，并于2017年8月在上海博物馆举办了"文物保护修复中的激光清洗技术国际学术研讨会"，该研讨会由上海博物馆和CNR-ICVBC共同主办，是国内首次以"文物激光清洗技术"为主题的会议。公司负责人Alessandro Zanini先生与我们深入交流了激光清洗设备在文物保护、修复领域的新应用和新的技术发展方向，并展望了2019-2022年双方新的科学合作方向。

第2天，在蒙蒙细雨中我们驱车往返700多公里，来到了都灵旁边的小镇维纳里亚（Venaria），在Lorenzo Appolonia博士及其研究团队的带领下，参观了他们的科学检测实验室，向我们介绍了意大利的文物保护科研机构对于断层扫描（CT）、气质联用（GC/MS）和扫描电镜（SEM）等技术手段在文物检测保护中的应用，我们也就上博文保中心的相关仪器设备的科研和应用情况与意方进行了深入的交流。随后，我们参观了文物修复实验室，了解了他们在无机质文物、丝织品、雕塑以及油画等文物的保护修复情况，意方的保护修复人员特别针对一些典型的保护修复案例向我们做了详细的介绍。（图二）

在实验室的参观过程中，我们发现实验室的灯光不是直射向下，而是通过向上至房间顶部然后反射向下进行照明，这样不仅能够获得更加均匀的光照条件，对于一些对光敏感的文物也起到了一定的保护作用。（图三）

第3天，我们在意方研究人员的带领下，参观考察了意方在文物预防性保护方面的几个监测案例，包括教堂室内温湿度的连续监测和室外雕塑震动的连续监测，内容主要有传感器、路由器的设置以及供电的安排设计等。（图四）博物馆内温湿度的适宜性和稳定性是文物预防性保护的重要内容，对于稳定文物本体的状态，延缓老化过程起着至关重要的作用，在国内博物馆的文物保护工作

186

图四 教堂大厅廊柱的湿度监测 　　图五 室外雕塑震动监测系统路由器和电源的设置点

中，温湿度的监测和调控也是文物预防性保护的关键点之一。（图五）

在此次交流活动的最后一天，我们在Cristiano RIMINESI博士的带领下，来到了CNR的国家光学研究机构，重点参观了多光谱图像系统（multi- iper-spectral imaging）和光学断层扫描系统（OCT）在文物分析检测中的应用。（图六）

与上博文保中心的高光谱图像系统不同，CNR-INO的多光谱图像系统是一个多技术的组合体，如照明系统、支架和图像采集系统等均采购于不同的公司，根据不同的需要，由研究人员自行组建而成，其光谱分辨率也远远达不到文保中心高光谱图像系统的水平，甚至其分析处理软件也由意方研究人员自行编程，但是他们的设备光谱范围广（200-2500nm），在应用方面主要还是油画中颜料的鉴别以及底稿发掘等。（图七）

图六 CNR-INO的多光谱图像系统

在整整四天的交流互动活动中，我们与当地的专业技术人员积极互动，深入探讨，分享了在文物预防性保护领域、文物科学检测领域的研究成果和动态，展望了未来在科学合作的前景，充

图七 多光谱图像系统的数据采集

分达到了交流合作的目的。此外，通过本次交流互动，我们也有一些感想和收获，如不论是在预防性保护领域还是文物的科学分析检测，从仪器设备的先进程度上，国内丝毫不逊于意方，但意方保护修复人员的科研意识、自主精神以及对检测仪器的综合利用值得我们思考和学习。

在出访交流过程中，我们严守外事纪律，时刻提醒自己代表着上博人的形象，圆满完成了2019年度与CNR-ICVBC的科学合作交流活动。

在斯里兰卡考古整理研究

2019年12月赴斯里兰卡参加考古工作　章灵

2018年8月，上海博物馆首次赴斯里兰卡北部的贾夫纳地区进行海外考古合作项目，并与斯里兰卡国家基金（CCF）签订了5年合作备忘录。2019年12月，继上一年田野发掘工作，开展了考古资料整理、科技分析及田野调查。作为考古部一员，有幸参与了这次工作，收获颇多。

斯里兰卡古称"师子国""僧伽罗国"，宋代以后称"细兰"，明代译为"锡兰"，1972年改称为"斯里兰卡"。《汉书·地理志》载："自日南障塞、徐闻、合浦船行可五月，有都元国……船行可二月余，有黄支国，民俗略与珠崖相类。其州广大，户口多，多异物，自武帝以来皆献见……黄支之南，有已程不国，汉之译使自此还矣。"这是中国关于海上丝绸之路最早的文献资料，也是斯里兰卡在古代文献中的首次登场。早在汉代就有商人政客使船从当今越南、中国南海沿岸的两广港口、通过东南亚国家最后到达印度及其南部的斯里兰卡，耗时约为一年。通过其他中外记录可以发现，汉唐期间的斯里兰卡与中国也存在宗教及商业活动，在之后的元朝、明朝中国都有遣使至此。可以说，从古至今，中斯都有着政治上与文化上的交流，也有贸易商品的流通。因此发掘斯里兰卡港口遗址对于海上丝绸之路研究有着重要意义。本着对自身专业的兴趣，从得知有机会参与这次工作开始就无比期待。

一、整理研究

整理研究是此行的第一要务。2018年上海博物馆与斯里兰卡中央文化基金会、凯拉尼亚大学合作对贾夫纳地区的阿莱皮蒂遗址进行了考古发掘，发现了大量陶瓷器残片，产地多样，包括有中国、印度、欧洲等。其中中国产瓷片数量可观，经初步研究认为这批瓷器

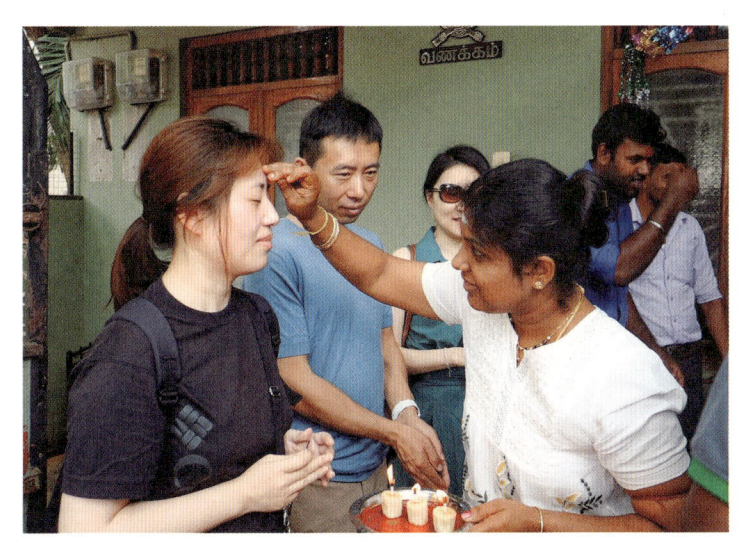

图一 欢迎仪式

的年代约为11世纪后半叶到12世纪初,大部分产自我国东南沿海地区。本次整理工作在此前的基础上欲进行更全面的多学科研究。这批文物被集中保存在了CCF贾夫纳办公室。为了欢迎我们,办公室工作人员在第一天举行了具有当地风俗的欢迎仪式,对于我这样初来乍到的外国人来说很是温暖。(图一)

图二 科技分析　　图三 文物摄影

本次同行的还有陶瓷部、文保中心和出版摄影部的同事共六人,我们按专业属性分组,有序地进行了器物分类、文字描述、器物摄影与陶瓷成分测定。本次工作的最大亮点是多学科合作研究,不局限于传统考古与器物研究,还积极运用科技手段。文保中心成员携带了Bruker Tracer 5i型X射线荧光光谱仪(XRF),对出土瓷器胎、釉进行无损成分测定,从成分比例数值比对得知产地。此外,出版摄影部成员对文物进行专业拍摄,为出版物提供优质的图源保障。(图二、三)

在整理工作期间,来自贾夫纳大学、凯拉尼亚大学的学生及科研人员陆续加入工作团队,他们均为田野发掘、科技考古专业,听闻我馆人员携有专业设备,纷纷前来观摩工作过程,并在协助我们做一些记录与标记工作的同时,互相交流了工作方法及出土遗物类型。办公室行政人员为了缓解我们工作压力,在每个下午都准备了现煮的红茶和亲手做的当地甜点。虽然天气炎热,工作条件有限,团队成员之间默契配合,中斯双方愉快交流,于归国前顺利完成了本次整理工作,并在专业上得到了斯方的肯定。

二、田野调查

整理文物的同时,作为考古部成员不忘初心,与斯方组队对贾夫纳半岛地区的港口遗址进行了田野调查。位于斯里兰卡最北端的贾夫纳与印度隔海相望,在古代航海贸易中,地理位置极佳。可以从出土遗物看到,这个地区在古代,与欧洲国家、印度、中国等都有交流,是印度洋上重要的中转地,连通南亚、东南亚至中国。据斯方考古人员调查,该地区现地表可见港口遗迹有十余处,多为灯塔、码头等标志性遗迹,周边可肉眼看到零星的陶瓷残片,其产地、类型都很丰富。绝大部分遗迹都没有得到当地考古界重视,未经发掘,因此他们极其希望通过对外合作的方式来对遗迹进

行保护与研究。（图四、五）

我们随斯方前往调查，因雨季过后道路泥泞，很多泥潭水深没过膝盖，无法通车，于是很多路段只能用走用跳，甚至在"山穷水尽"之时用上了军车，一路颠簸才好不容易到达了一个又一个目的地。在一些殖民时期的灯塔遗迹与城墙残骸附近，我们发现了一些陶瓷残片，但港口遗址多沿海岸线，地表频繁变化，确定古港口的精确位置存在一定难度。经过双方对考古工作的讨论，认为需要进一步对港口遗址进行撒网式调查，通过勘探、出土遗物研究，及遗址周边土壤测试，对古海岸线范围及遗址年代作深入了解，为下一步发掘工作做计划。（图六、七）

图四、五 "艰难路途"

图六、七 灯塔遗迹及城墙残骸

三、学术交流

在本次工作之余，团队应邀赴贾夫纳考古博物馆对其库房内的中国瓷器研究进行了学术交流，并参观了正在筹办中的贾夫纳大学博物馆。

贾夫纳考古博物馆展览着历来当地出土遗物，多与宗教、民俗相关，馆内面积虽小，但收藏了20世纪70年代以来阿莱皮蒂遗址出土的大量的中国产瓷器。尽管这批文物是古代中斯交流的实证，也是研究古代港口非常重要的材料，但因当地人员对中国瓷器研究有限，很大一部分都只能长眠库房无法进行展览，十分可惜。因此馆长对我们的到来表示由衷欢迎。我们利用双休日对馆藏瓷片进行了分类、标注、摄影，并选取标本做胎釉成分测试，来往游客对我们的工作好奇，

图八 贾夫纳考古博物馆

顿足观看照相。因瓷片体量大，时间也较急促，工作强度比较高。我们减短了午休时间，分组加快了工作效率，按时完成了任务，并将这批瓷器的信息留给了馆方，同时也将简单的瓷器分类告之。此行帮助了贾夫纳博物馆人员认识馆藏中国瓷器，有利于其今后的展陈，以展现贾夫纳更丰富的古代历史，得到了斯方的赞赏。我们也通过看到阿莱皮蒂遗址以外的出土遗物，更全面了解贾夫纳历史文化情况，加深自身研究。（图八）

另外我们还参观了贾夫纳大学博物馆。该博物馆位于教学楼内，已有雏形，但尚未完工。在斯里兰卡，于校内设博物馆并非易事，负责人热情并自豪地带领我们参观介绍。他们不但对我馆的展览模式、展柜配置表示好奇，也将他们的展览计划告诉我们，双方就对博物馆的理解与想法进行了交流，愉快地结束了访问。（图九）

图九 贾夫纳大学博物馆内

四、文物考察

　　归国前我们拜访了位于斯里兰卡首都科伦坡的国家博物馆，与其商定今后的合作意愿与计划。我们趁着拜访的机会，浏览了博物馆。斯里兰卡国家博物馆是收藏斯里兰卡出土文物的最大机构，馆藏有大量自新石器时代直到近现代的文物，包括生活工具、造像、古典画、民俗工艺品等，其中反映佛教文化传播与发展的文物最多，也收藏了很多来自中国的文物，反映了两国源远流长的文化交流。（图一〇）最有名的莫过于馆内4号展厅中展示的"郑和布施碑"。据史料记载，1405—1433年间，郑和七次下西洋，途中曾多次到访古锡兰国，巡礼圣迹。在明永乐年，他第三次途经斯里兰卡的时候，来到了加勒，立此碑，其全名为"布施锡兰山佛寺碑"，刻有中文、波斯文和泰米尔文。因石碑部分字体已模糊难辨，主要是郑和对三种宗教的礼赞，记录了奉祀之物。同展厅还展出了很多馆藏的中国瓷器，无不是两国在古代往来的实证。在斯里兰卡，除了"郑和布施碑"、瓷器，还有很多来自中国的文物有待发现，观览斯里兰卡国家博物馆后，我对古代中斯交流有了更切实的了解，更加希望可以通过考古发现古代海上丝绸之路研究的新证。（图一一）

　　在斯里兰卡的时间一瞬即逝，很感激能有这次工作机会，既是学习又是锻炼。很感谢工作期间CCF贾夫纳办公室每一位工作人员，尽可能为我们提供良好的工作环境。很荣幸可以与凯拉尼亚大学、贾夫纳大学的专业研究员进行交流，互相学习。通过这次工作，第一次近距离感受到了斯里兰卡文化，了解了当地的考古工作流程，看到了不一样的出土文物组合。虽然本次工作时间较短，经历了长途汽车与重流感的不利影响，但身临其境提高了专业兴趣，在艰苦的环境中更加坚定了专业目标。

图一〇　斯里兰卡国家博物馆外观一角　　图一一　斯里兰卡国家博物馆藏青花瓷

远上青山更一层
——记加拿大皇家安大略博物馆

2020年7月赴加拿大交流考察　周　云

前　言

　　2020年1月27日，应香港北山堂基金会赞助，我作为利荣森交流计划访问学人踏上了遥远的冰雪之国加拿大，展开了在多伦多皇家安大略博物馆（Royal Ontario Museum，以下简称"ROM"）的一段特殊经历。我所在的世界文化部负责人沈辰先生于我悉心指导，期间为我安排了众多趣味盎然的体验，虽由于疫情，交流计划在遗憾中暂停，但我从中获取的海量专业知识、新奇的博物馆创意值得好好体味、慢慢消化。

　　ROM是世界领先的自然历史和世界文化博物馆，也是北美拥有中国文物最多的博物馆之一。利用自身优势，将文化与自然历史相结合，不论是展陈空间还是各项展览的主题策划，ROM为世界各地的游客和学者提供了非同寻常的体验。他们致力于使大众更多地关注各个时代自然与人类交织的命运关系，并将人文关怀与环境保护主题融入博物馆活动的方方面面。在官方网站上，ROM对自身的定位是：ROM的使命是让公众参与探索文化变化，并在自然研究中倡导科学。近距离融入团队，我经常能直观感受到从员工到志愿者们秉承着使命感热情投入工作，而ROM本身也将倡导科学的精神贯彻在运营的方方面面。（图一）

图一　黑夜中的ROM"水晶宫"

藏品保护与利用

上述提及我所工作的世界文化部包括的收集和研究领域有：加拿大、埃及、欧洲、东亚、希腊和罗马、新世界考古与民族学、南亚、西亚和纺织等。以沈辰先生为首的的策展人涵盖艺术史学家、考古学家和物质文化学家等展开多方面研究。博物馆的创始人查尔斯·T·柯雷利（Charles T. Currelly）在1900年代初期收集了大量埃及文物。之后，研究者们工作的多样性体现在了ROM的藏品中，包括中国的陶瓷和非洲的石器时代的器物；欧洲、中东和日本的武器和盔甲；加拿大原住民的皮艇服饰；秘鲁、伊拉克和叙利亚等地的器物以及来自东南亚的雕塑等。（图二）

藏品是所有博物馆的基础，ROM设立的"保管者"会以各种形式积极参与对所有物品的科学检查、研究、保存和陈列，主要集中在他们的世界文化藏品上，重点防止藏品的损害和减缓自然退化。以世界文化部为例，保管者会与策展人员共同制定标准，并就存储和展示物品的适当条件提供建议，包括光线、温湿度水平、空气质量和技术支持等。保管者需要在使用藏品之前检查它们，确认材料和制造技术，确定以前的修复情况，调查劣化的原因并指出展览、出借及教学的风险。

图二 中国展厅一角

保管者同样也会积极参与展览策划团队，由于ROM在1955年之前都隶属多伦多大学管理，他们还延续了为学生提供课程实习机会的传统，并定期向多伦多大学的学生、博物馆会员和公众提供有关收藏品护理的课程。当藏品因为年限、事故或内在的不稳定性而损坏时，博物馆将对应进行保护处理。他们会请本馆或外聘专门从事纺织品、纸张、石材、陶瓷、金属甚至装置艺术领域特定文保专家对藏品进行恢复或稳定。保管者的职责是将所有干预措施降到最低，以确保当下的物品安全，并在未来数年内尽力保持。和国内公立博物馆相似，ROM无法为大众提供私人文物保护服务，民众的这类需求可以求助加拿大私人保护协会或美国历史和艺术保护协会。

在公共资源的提供上，ROM也尽力在官方网站上公布了藏品数据库，分为"世界文化""自

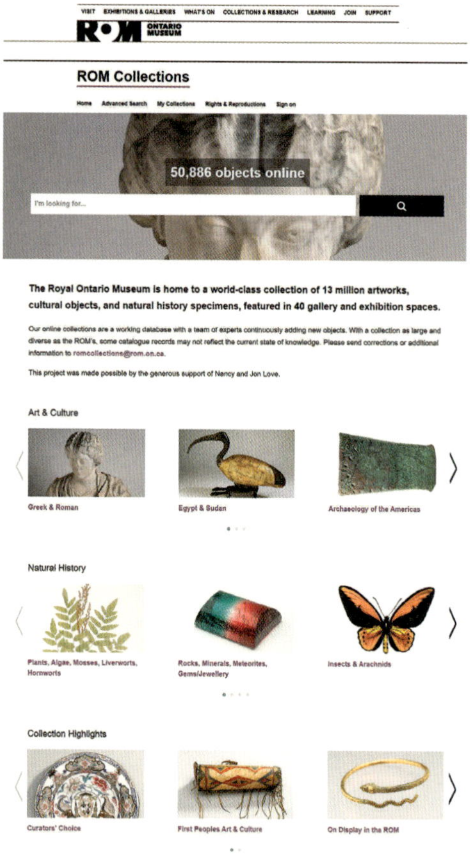

然历史""馆藏亮点"三个大类，超过5万件可供学习、欣赏的藏品介绍页。收录了包括非高清图像、藏品号在内的各种藏品基本信息。（图三）

释展人机制

依托多伦多大学的教学优势与传统，与大多数博物馆不同，除了耳熟能详的"策展人"，ROM专门设立了"释展人"的岗位。这些优秀的释展人或拥有博物馆教育专业背景，或长期直接服务于观众、志愿者，他们作为宣传博物馆藏品或展览中心内涵的主力传播者，扮演着多方面的角色。

释展人在展览开发团队中工作，是以公众最容易理解的方式解释策展信息。他们还充当项目团队的博物馆学家，考虑不同的受众和不同的学习风格，帮助指导设计师的展览方案。通过为展览、多媒体、网络及其他博物馆产品创建一个解释性的方案，释展人可以成就博物馆为公众所需的大部分工作，同时他们也需要关注参观者的利益需求。（图四）

策展工作之初，释展人与策展人会初步协商领会展览意图以探索展览创意，并且要经常与其他部门如市场营销、教育、规划等合作，可以称为展览团队的万能角色。释展人员要与策展人密切合作，敲定展览文字，并与设计师配合无间，帮助他们展览伊始即跟进策展环节、共同定义展览的展示方式，并和多媒体工作人员商议开发展览视频与互动内容。在最终设计中，他们在对所有出现在展览现场或图录的文本和标签副本制作之前进行校对，时刻发挥着核心作用。现在很多释展人对博物馆官网的可访问性也非常关注，包括了一些向残疾人展示信息的新方法等。

图三 ROM网络藏品资源页

图四 儿童与特展多媒体互动屏

博物馆教育及公众活动

ROM的教育部通过针对学校和公众的全年龄计划，以及两个互动空间——"CIBC Discovery Gallery"和"Patrick and Barbara Keenan Family Hand"，用动手的方式促进自然和文化史的教育、教学。博物馆教育工作的宗旨是主持和制作具有智力深度和社会意义的节目，包括ROM本身特殊展览和具有协作性质的藏品。通过对当代文化的研究，博物馆还通过许多媒体上的艺术品和节目来探索当前问题。

ROM的课程涵盖了不同的主题，并且很多适合成年学习者，各研究领域专家每年都会在展厅和实验室中指导学生进行基于展品的学习。与课程相关的100多个主题涵盖了视觉艺术、语言、科学、社会研究、加拿大及世界文化研究。专门的学校访问计划有助于提高学生和教育工作者的专业发展所需的知识和技能。此外，这些互动式动手空间由200多名志愿者和13名工作人员组成一个团队，使用动手操作的标本和互动活动为观众提供便利，吸引公众探索展厅。（图五）

图五 与沈辰先生在"小熊维尼"特展

在某些特殊时段，博物馆免费提供入场券，在周末和假期提供趣味和教育性的面向家庭的参观计划，其中最重要的是"ROM假期"和"春假"。每年ROM都会在临近这些特殊时间段安排大量的前期宣传、投放大量广告。配合同期举办的临时展览，博物馆会联动全馆的资源，设定假期节目的主题，设计临时展柜并动员研究者们报名志愿者，利

图六 "鼠年生肖"特别展柜

用自己的假期或休息时间，每天固定一处地点时段性地为观众们讲解临时展柜中的主题藏品，现场答疑互动。例如，2020年为配合"小熊维尼"的特展，春假的博物馆主题就定为"熊与花"，各相关部门会选出切合主题的临时"展品"，仅供活动期间观赏。作为北美中国收藏重地，ROM每年还会在中国新年中于中国展厅设立生肖主题的临时展柜，使当地的华人观众倍感亲切。（图六）

"接地气"的研究者

ROM频繁的公众活动及教育活动对工作在其中的研究人员无疑提出了更高的要求。博物馆本身与多伦多大学千丝万缕的联系造就了相当一部分研究员、策展人们同时兼任大学的任课教授，博物馆也在各相关部门楼层专门设立了几处教室，我工作所在的6楼库区旁就有这么一间教室，在应邀旁听的过程中，我不止一次看到教授们事先准备了数件藏品，直接从一门之隔的库区推入课堂，使专业学生们直观地感受文物带来的震撼体验，虽不能亲手触碰，但每一位学生课堂上就能与这些古老遗存亲密相遇，实在是天然优势。（图七）

除了鼓励研究者们在大学的任教，ROM还不定期地举办种类丰富的交流活动，有时是研究员"茶话会"，有时是职工"早餐会"，现场边品美食边论专业，气氛轻松融洽。其中使我印象最深刻的还是一次名为"ROM IDEA"的学术沙龙。沙龙前一周每位员工及访问学者的邮箱中就收到了本次沙龙的时间安排及每一场演讲交流的题目、发言者信息，以半天为单位分不同主题的场次，不论是员工还是志愿者、博物馆会员都可以在当天随时自由出入演讲礼堂，挑选自己感兴趣的主题。原以为学术沙龙不说严肃一定也是相对专业的学者发言，没想到每位演讲者只有5分钟的发言时间，发言内容也使我大跌眼镜。所谓的"IDEA"确如其名，只是告知大家自己的一个"创意"、一种"体验"、一次"旅程"或一个"发现"。平时听似深奥的学科在研究者们的演绎下深入浅出，实际就是用最"接地气"的语言为拥有不同背景的听众们讲述自己的一个工作内容或成果，使普通人也能明白博物馆的研究者们到底在做什么、工作的意义在哪。（图八）

讶异于所有的演讲者都能

图七 把藏品带入课堂

侃侃而谈，很多甚至于能频频引发场内观众的哄堂大笑，我在聆听他们说的内容的时候也有些疑惑，请教于沈辰先生，他笑谈许多同事在若干年前也与我们国内的同行们一样，埋头研究不善与公众交流，但是形势逼人，演讲的能力就在一场场安排的公众演讲中越发提高，现在ROM甚至把参与公众服务活动纳入为一项重要的工作评价指标。此外，博物馆还每年设有2次以上的"博物馆会员夜"，招待付费高级会

图八 "ROM IDEA"沙龙

员，为他们专门设立可选的主题游览讲解路线，由每个主题负责的研究员带领深入博物馆内部，与专家面对面交流，更深入地了解博物馆的研究领域及内部构造。

结 语

ROM之行虽由于疫情戛然而止，但我与ROM的人与物短短数月建立的情感却余韵悠长。疫情改变了世界格局同时也为博物馆行业带来了严峻挑战，亲身经历了博物馆闭馆、网络办公、裁员等艰难时刻，不禁为在那边工作的老师、同行们祈祷，愿世界人类共同的知识殿堂——博物馆们安然度过难关，也祝愿ROM的朋友们早日回归他们所热爱的水晶宫。

图书在版编目(CIP)数据

远上青山更一层：上海博物馆文化交流成果汇编.
第三辑 / 上海博物馆编. -- 上海：上海书画出版社，
2021.12
ISBN 978-7-5479-2751-9
Ⅰ.①远… Ⅱ.①上… Ⅲ.①上海博物馆-文化交流
-成果-汇编 Ⅳ.①G269.275.1
中国版本图书馆CIP数据核字(2021)第232142号

远上青山更一层
上海博物馆文化交流成果汇编（第三辑）

上海博物馆 编

主　　编	杨志刚
副 主 编	周燕群　徐立艺
责任编辑	王　彬
编　　辑	丁唯涵　张思宇
特邀编辑	张　洁
装帧设计	汪　超　王贝妮
技术编辑	包赛明　盛　况
印装监制	朱国范

出版发行	上海世纪出版集团 ◎上海书畫出版社
地　　址	上海市闵行区号景路159弄A座4楼
邮政编码	201101
网　　址	www.ewen.co www.shshuhua.com
E-mail	shcpph@163.com
设计制作	上海维翰艺术设计有限公司
印　　刷	上海中华商务联合印刷有限公司
经　　销	各地新华书店
开　　本	787×1092 1/16
印　　张	12.5
版　　次	2021年12月第1版 2021年12月第1次印刷
书　　号	ISBN 978-7-5479-2751-9
定　　价	165.00元

若有印刷、装订质量问题，请与承印厂联系